U0653613

阅读日本书系

和风下的观光列车

〔日〕日经设计 编

宝锁 赵斌玮 译

一期一会

上海交通大学出版社
SHANGHAI JIAO TONG UNIVERSITY PRESS

笹川日中友好基金
The Sasakawa Japan-China Friendship Fund

内容提要

　　铁道，不仅是贯通日本的最便捷高效的交通网，同时也是日本人文化生活中解不开的情结。近年来，一系列特色观光列车的出现更是引领了玩转日本的新风潮。你更钟情复古奢华的车厢设计？抑或美食加温泉的乘车体验？打开这本书，跟着日本著名列车设计师水户冈锐治、著名汽车设计师奥山清行和享誉国际的建筑师隈研吾，一起踏上设计感十足的列车之旅吧。

NIHON OMOTENASHI TETSUDO by Nikkei Design.

Copyright © 2015 by Nikkei Business Publications, Inc.

All rights reserved. Originally published in Japan by Nikkei Business Publications, Inc.

Chinese translation rights in simplified characters arranged with Nikkei Business Publications, Inc., Tokyo through Japan UNI Agency, Inc., Tokyo

上海市版权局著作权合同登记号：图字：09-2016-119

图书在版编目（CIP）数据

和风下的观光列车 / 日本日经设计编；宝锁，赵斌
玮译. — 上海：上海交通大学出版社，2017
（阅读日本书系）
ISBN 978-7-313-16839-9
Ⅰ.① 和… Ⅱ.① 日… ② 宝… ③ 赵… Ⅲ.① 旅游车
－旅客列车－文化－介绍－日本 Ⅳ.① U292.91－05
中国版本图书馆CIP数据核字(2017)第062120号

和风下的观光列车

编　　　者：[日]日经设计		译　　　者：宝　锁　赵斌玮	
出版发行：上海交通大学出版社		地　　　址：上海市番禺路951号	
邮政编码：200030		电　　　话：021-64071208	
出　版　人：郑益慧			
印　　　制：上海景条印刷有限公司		经　　　销：全国新华书店	
开　　　本：880 mm×1230 mm　1/32		印　　　张：7.25	
字　　　数：191千字			
版　　　次：2017年5月第1版		印　　　次：2017年6月第2次印刷	
书　　　号：ISBN 978-7-313-16839-9 / V			
定　　　价：58.00元			

版权所有　侵权必究
告读者：如发现本书有印装质量问题请与印刷厂质量科联系
联系电话：021-59815625

阅读日本书系编辑委员会名单

委员长

谢寿光　　社会科学文献出版社社长

委　员

常绍民　　三联书店（北京）副总编辑
张凤珠　　北京大学出版社副总编辑
谢　刚　　新星出版社社长
章少红　　世界知识出版社总编辑
金鑫荣　　南京大学出版社社长兼总编辑
刘佩英　　上海交通大学出版社总编辑

事务局组成人员

杨　群　　社会科学文献出版社
胡　亮　　社会科学文献出版社
梁艳玲　　社会科学文献出版社
祝得彬　　社会科学文献出版社
梁力匀　　社会科学文献出版社

阅读日本书系选书委员会名单

姓　名	单　位	专　业
高原 明生（委员长）	东京大学 教授	中国政治、日本关系
苅部 直（委员）	东京大学 教授	政治思想史
小西 砂千夫（委员）	关西学院大学 教授	财政学
上田 信（委员）	立教大学 教授	环境史
田南 立也（委员）	日本财团 常务理事	国际交流、情报信息
王 中忱（委员）	清华大学 教授	日本文化、思潮
白 智立（委员）	北京大学 政府管理学院 副教授	行政学
周 以量（委员）	首都师范大学 副教授	比较文化论
于 铁军（委员）	北京大学 国际关系学院 副教授	国际政治、外交
田 雁（委员）	南京大学 中日文化研究中心研究员	日本文化

乐在列车观光行

李长声

（旅日华人作家，日本出版文化史研究专家，腾讯·大家专栏作者。
曾任《日本文学》杂志副主编）

日本爱用外来语，例如：サービス，取自英语的 service，可译作服务、接待；おもてなし则相当于英语 hospitality，更上一层楼，那就是款待，全心全意地服务，这其中最高的境界大概就是茶道的"一期一会"——这辈子只见这一回，竭尽诚心。若想体验一下这种"款待"，不妨坐一坐"观光列车"，这一种旅游形态在日本正方兴未艾，其享乐胜过天堂之旅也说不定。

1872 年是日本大行富国强兵国策的一年，这一年，明治天皇带头吃牛肉，又许可和尚茹荤娶妻。也是在这一年的 10 月 14 日，东京与横滨之间开通了火车，这是日本的第一列火车。很多人好奇，买了车票却不坐，怕它停不下来。后来此日被定为"铁道日"。井上厦是作家，读书也出名，主张乘火车时读书，在他看来，铁道只是送他到目的地的交通工具。铁道发展百余年，如今观光列车像邮轮一样不再以大量输送为目的。坐一趟列车本身即是一次旅行：窗外的原生态景色切换着，车内有所经之地的特色饮食不断呈上，途经景点还能下车游玩。此外，精心设计的车厢也值得观赏。日本各个时代的歌曲中都常出现"铁道"的字眼和主题，这让这个民族对铁道产生了特别的亲切感。

日本没有旅游这个词。他们常说自古爱"旅行"，但江户时代的旅行就是行，商旅或朝山，倘若有闲心，也许顺路赏玩一下山水。浮世绘组画《东海道五十三次》很有名，画的是从江户到东京之间五十三个驿站的风景，并没画游乐之趣，反倒多苦旅。旅游有各种形态，例如周游型、休闲型。日本人守时，连城里或乡间的巴士也有时刻表，精明的人就事先把行程预订得后浪推前浪，一路赶下去，但既然出游，不妨懒散点儿，像没头苍蝇，耽搁在哪个小站也会有意外发现。而列车旅行恰能提供这种探索未知的空间：坐在对面的陌生人也许通过不经意间的闲谈成了一生的挚友；有着有趣名字的地方特产，却能从中尝出家乡的味道；在列车停靠的某个不知名的小站下车，发现了自己从未见过的秀丽风光。

当然，如若你只想要一次放松之旅，只需慵懒地躺坐于车座或沙发上，相信精致的列车装潢和热情的列车员并不会让你感到寂寞，把一切交给他们，只管做你的"上帝"吧。

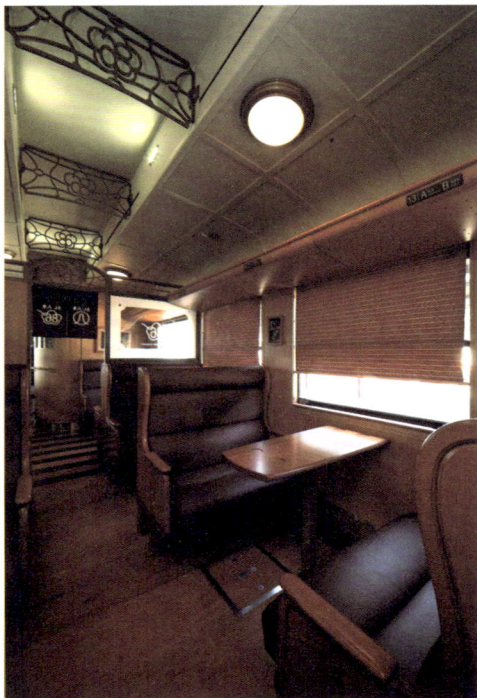

我所坐过的日本列车

蒋 丰

（旅日社评作家，《日本新华侨报》总编辑，《人民日报海外版》日本月刊总编辑，北京大学历史系客座研究员）

　　1988 年，我负笈东瀛以后，首先在东京感受的是拥有环城 29 个车站的 JR 山手线"电车"。当年中日两国经济悬殊，到日本留学的中国人要承担"养家"的重任，他们有的人舍不得租房，就打夜工，白天在环城 JR 山手线"电车"上睡几个小时，醒来后接着去读书、打工。

　　于我，日本的铁道带给我的更多是美好的回忆。在东京读书期间，我曾享受过"青春 18"车票待遇，每年学校寒暑假开始前，日本铁道公司会出售带有一定使用期间限制的车票。1 万日元左右的车票，5 天间可以乘坐电车、火车"任意行"。"青春 18"的珍贵之处在于：经过"热海"见其广阔澄清的碧浪，便

可以下车在海边稍作停留；经过"千年古都"京都便可以下车行走在散发着历史古香的青石板街道。"青春 18"的旅行是给紧张的精神做一个松绑，为纷繁的心灵注入一道"鸡汤"，更是给青春留下一个美好浪漫的记忆。

　　告别了留学生的生活，我在日本重操出国前的旧业——当记者、当编辑、当总编，这让我与日本各地的电车、火车、新干线列车的接触多了起来。记得我曾到三重县伊贺市采访，乘坐了当地伊贺铁道公司推出的新颖别致的"图书馆列车"，乘客们可以在列车上自由自在地读书和看漫画。据说，"图书馆列车"的第一提案人是日本同志社大学的

大学生森喜骏。他说："我从上高中的时候就每天乘坐列车。那时我就想，如果能把自己看过的漫画留给其他乘客，其他乘客也能把看过的漫画留给我，那该多好啊。"森喜骏的想法很快得到了"伊贺铁道之友会"的认可，于是诞生了"图书馆列车"。

我还体验过"灾区铁道游"。2011年"3·11大地震"以后，东日本铁道公司让铁道爱好者组团去灾区，感受"受灾记忆"。这种形式让更多人了解到灾区最真实的景象，同时也为当地民众创造了新的就业岗位，而灾区人民不屈不挠精神的传递也让"灾区铁道游"的价值决不仅仅是经济上，更是社会价值层面的。

前往伊豆的"黑船列车"，它的名字由来可追溯到1853年，当时美国海军将领佩里带着四艘军舰兵临江户湾，强迫日本打开国门。因为当时的军舰都被涂成黑色，也就被称为"黑船"。在"黑船列车"里布置着老照片，装饰也都是旧式西洋的。让我记忆深刻的是，里面还有佩里在日本登陆时送给德川幕府的礼物——一个蒸汽机车的车头模型。说明上写着一句话："日本

的铁道，从这里起步！"原来，日本人把一段屈辱的历史，当作了一段奋进、崛起、超越的历史！

2015年3月，我曾对东日本旅客铁道株式会社社长富田哲郎作了专访，他说："近年来，中国的铁道技术也走到了世界前列，有很多值得日本学习、借鉴的地方。我们不应该强调彼此的铁道有什么不同，而应该加强交流合作。"

回首再看看这叠译稿，可以把它看作是娓娓讲述"和风"观光列车趣味故事的书籍，也可以视其为铁道特色旅游的指南。当然，对于更为专业的读者，书中详述的列车文化及观光列车的设计理念，也将带来很多启发。希望这本书能让更多人了解到铁道旅游的无穷价值，也希望许多年以后，中国的特色观光列车也能成为奔驰于这片广袤土地的亮丽风景线。

打开窗户，
每个站名都是俳句的春天

姜建强

（日本《中华新闻》主编，腾讯·大家专栏作者，曾任东京大学综合文化研究科客座研究员）

在日本生活久了，就会体验到日本的铁道文化就像日本的美少女文化一样，是那样的令人喜爱并深入人心。这种喜爱与深入人心除了铁道本身以及周边产品所构筑而成的人文景观之外，日本铁道的车站名，无疑也起到了锦上添花的作用。

日本的铁道站名首先表现在汉字表记的趣味性。如名古屋名铁常滑线有"道德"站名；青森县的JR八户线有"大蛇"站名；北海道的JR室兰本线有"母恋"站名；山梨县的JR身延线有"国母"站名；岐阜县的明知线有"极乐"站名；千叶县的JR常盘线有"我孙子"站名；埼玉县的西武池袋线有"小手指"站名；大阪市营地下铁谷町线有"喜连瓜破"站名。这些站名，也多少表现出日本人打造铁道文化的诙谐心机。

青森县的JR五能线有个叫"驫木"的站名，读音为"とどろき"。用三个繁体"马"字叠成的"驫"字共有30画，是日本迄今为止笔画最多的秘境小站。日本最短的站名只有一个汉字一个读音，如三重县的JR东海·近铁·伊势铁道的"津"站名，读音为"つ"。但这个站名若用罗马字表记的话，则是三个字母"Tsu"。属于津市管辖的有关部门脑筋一动，便将"Tsu"表记为一个字母"Z"，并将这个"Z"字母发音为"つ"。这就成了世界最短的车站名。而最长的站名则是南阿苏铁道高森线的"南

阿蘇水の生まれる里白水高原"，如果都用假名表记的话：みなみあそみずのうまれるさとはくすいこうげん，22个文字，当属日本第一。

日本有些站名的读音与常用日语读音重叠：高知县的 JR 四国线有个站名汉字表记为"後免"，读音为"ごめん"。这个读音正好与日本人常用的"ごめん"（对不起）日语相同。乘务员每天报站名"次は後免、ごめんです"，也就意味着每天向乘客致歉。而滋贺县的京阪铁道石山坂本线有一个站名汉字表记为"穴太"，读音为"あのう"，这是日本人平时要说下文的开首句。每每报到这个站名，日本人都会开玩笑地说：快说下文呀，不要老是"あのう、あのう"的吊人胃口。真可谓妙趣横生。

2007 年发行的 JR"青春 18"票的海报上，有这么一段文字：

打开窗户，整个车厢都是春天。

如果作语句转换的话，我们是否可以这么说：

打开窗户，每个站名都是俳句的春天？

铁道的时间

唐辛子

（旅日华人作家、评论家，腾讯·大家专栏作者）

大约在十多年前，日本的三元社，出版了一本集合多名学者的研究文集《迟到的诞生》，介绍近代日本人的时间意识是如何形成的。书中写到在明治初期，到日本传授科学技术的荷兰人技师，曾对当时的日本人完全没有时间概念而感到无比吃惊。那时候的日本人以日出日落为基准，使用"不定时法"计算每天的日头，将白天黑夜划分为六个等分。按现在的时间来计算，当时的日本人是以每两小时为一个时间单位的，最小的时间单位为"小半刻"，相当于现在的半个小时。那时的日本人对"分"这个时间单位还根本没有概念，更不用说"秒"了。

是铁道的出现改变了这一切。铁道的延伸、车站的诞生，带给日本人均一化的时间意识，成为日本步入近现代工业社会、开始在生活中实施时间革命的重要标志。在飞驰的车轮中，日本人也飞速地跨入近现代社会的"努力主义"。

如今，日本新干线的运行时间，甚至精确到以"秒"为单位：例如时刻表上的发车时间写着"12点30分"，但实际发车时间可能是 12 点 30 分 0 秒、12 点 30 分 15 秒、12 点 30 分 30 秒、或是 12 点 30 分 45 秒。这样，当两列以上的新干线同时通过某一站台时，可以因为这 15 秒的时间差，而彼此畅通无阻地通过，实现更为安全快捷的效率运行。这种以 15 秒为单位、令车辆与车辆之间的互相衔接看不到任何时间接缝的严密运行，令新干线的基本误差为 0 秒。现在，我们经常说：日本人非常守时，是时间观念很强的民族。而实际上，现代日本人良好的时间信用，正是从日本铁道精确到秒的细致与周到中所提炼出的一份收获。

铁道不仅带给人们良好的时间信用，还令现代人的时间有了快慢之分。如果你想感受时间之快，那么应该为自己安排一段铁道之旅，风驰电掣的新干线，就是一枚浓缩时间的胶囊，在更安全更有效的时间内，轻松带你到达任何想去的地方；如果你想体味时间之慢，那么也应该为自己安排一段铁道之旅，乘上无人售票也不要人问候的慢车，一路摇摇晃晃、走走停停。车窗外所有缓缓移动的风景，都在独自朝你温柔致意，那一刻，你的内心将会拥有重归母体的宁静。悠长的铁道时间所带来的片刻舒展，令你感觉这个世界，它终归是美好的。

目录

前　言

　　观光列车的热潮方兴未艾。在日本各地的旅游胜地周边，都运行着经过精心改造的、丰富多彩的特色观光列车。

　　游客乘坐于观光列车之上，一边欣赏窗外美景，一边享受各种地方特色的美食和甜点。现在列车已不仅仅是到达目的地的方式，以乘坐列车本身为目的的旅行正在受到越来越多的关注和喜爱。而JR九州于2013年10月开始运行的"七星号in九州"就是顺应这一列车旅行潮流而出现的豪华观光列车。

　　"七星号in九州"是由日本铁道设计者中的佼佼者——水户冈

锐治,结合日本传统和制造技术而精心打造的豪华旅游列车,该列车从开始运营到现在一直人气相当火爆,乘客一票难求。

除此之外,JR九州于2015年8月又相继推出了形式多样、别具特色的旅游列车,可以说九州已然成为观光列车的"聚宝盆"了。

不只是大型铁道公司,就连支撑地区公共交通网络的地方铁路,为了吸引外地游客,振兴地方经济,也在加快发展观光列车事业。

这些旅游观光列车为什么会如此受欢迎?大概是因为,这些观光列车凝聚了日本独特的款待:秀丽的风景,列车上无处不在的、甚至乘客几乎难以察觉到的、细致入微的设计,精心烹饪的、丰富的地方特色美食,接待员和站台上来迎接的当地人们的笑脸,等等。旅客们在这些观光列车上度过的几个小时,虽然很短暂,但是他们可以尽情地体验丰富多彩、贴心周到的服务,这样的列车旅行自然让乘客流连忘返,也让闻者心生向往。

本书通过介绍各种"款待型观光列车",探讨了让旅游观光列车成为长期观光资源,促进地方经济发展的必要条件。因此,本书可供一般读者阅读欣赏,也可作为商业方面的参考书。

日经设计编辑部

第 **1** 章

水户冈型
"设计款待"的真髓

"或る*列车",即"某列车",
运行于佐世保和长崎之间
（2015年11月至2016年3
月）

或る列車
JR KYUSHU SWEET TRAIN

ARU RESSHA   ARU RESSHA
KYUSHU RAILWAY COMPANY

JR KYUSHU SWEET TRAIN

JR KYUSHU SWEET TRAIN
JR KYUSHU SWEET TRAIN

* 或る｜读作ARU,ARU也是该列车设计理念中的三个关键词
Amazing、Royal、Universal的缩写，它表示这是一列让人惊奇的、奢华而广受欢迎的列车

紧随"七星号"！开始奔跑的超豪华甜品列车

2015年夏，JR九州推出了又一款豪华列车。
"某列车"是继豪华旅游列车"七星号 in 九州"之后，由多恩设计研究所的水户冈锐治代表担任构思和设计的高级列车。我们将深入"某列车"制造现场，揭示水户冈设计的真髓。

4—13页的图片，由多恩设计研究所提供

2015年8月8日，"某列车"开始在九州旅客铁路（JR九州）运行，这是继以豪华列车著称的"七星号in九州"之后出现的又一款以华丽设计和车内提供著名甜品师的甜点而闻名的列车，它也因此深受广大旅客的欢迎。

某列车从2015年8月到10月间行驶于大分车站与日田车站之间，从11月到2016年3月间，在佐世保站与长崎站间一日往返一次，上午一班，下午一班。在大约两个半小时的列车旅行当中，乘客们可品尝到以甜品为主的料理，相应费用为成人21 500日元（两人用包间）。虽然价格绝不便宜，但是乘客反响异常火爆，JR九州主管下的大分路线已经满员，各旅行社的团队项目也大体已预订一空。

构成"某列车"的两节车厢是由约40年前实际运行过的两辆列车改造而成的。在开发新型列车缺乏资金的情况下，将唾手可得的已有资源改造成一种全新的列车，就要依靠设计的力量。

"依靠众人之力，花些时间，

金色的车辆，印象深刻的心形标志

用尽所有能用的技术，就能使老旧的东西焕发新生，而后再辅以优质的服务。"在七星号所提供的最高级顾客服务中，舞台装置是不可缺少的，而这一部分的设计师、多恩设计研究所的水户冈锐治代表，在"某列车"的设计中也采用了一贯的工匠技艺。

用设计复苏旧列车

内部装潢以木材为主，1号车厢用的是亮色的枫树木材，2号车厢用的是胡桃木材，因此呈现出不一样的氛围。水户冈氏在镶嵌细木条的格子上雕刻了为某列车设计的图形标志，包厢的拉门上又装了像赏雪用拉窗似的、可上下拉动的小窗户，这个小窗户用于从过道向包厢内递送甜品。为了防止小窗户受列车行驶的震动而自动关闭，还特意安装了小木栓。这些细微周全的考虑全靠工匠们的技术才得以实现。

地毯和窗帘、椅子的布料上印有葡萄和常春藤等各种植物的华丽图案。大胆地采用了不同花纹，营造出怀旧而温暖的空间效果。

此外，通道和洗手间的墙壁、地板、天棚上也镶嵌了不同花纹的瓷砖，在厕所墙上粘贴了一般用于小提琴的高级皮革材料等，这些细致入微的装饰，十分吸引眼球。

因为"某列车"由两节车厢组成，所以无法量产各组成部件。因此，各生产厂家为了实现水户冈氏的设计，只能反复试验，全力以赴。"也许它不太符合设计中注重经济因素的时代，然而，这次是使用工匠的技术来守住日本的技能。比起虽然漂亮但是毫无故事性的简约风格，更要通过装饰使乘客们体验到过去的列车所带来的乐趣。"（水户冈氏）。

株式会社锤绘（Tsuchie），不仅制造了七星号的前挡板，还制造了座席间的玻璃隔板、桌脚的金属部分、图形徽章、列车面部的蔓藤花纹板等。

6 mm厚的铁板被剪切成蔓藤花纹，热喷涂加工板的表面展现出独特的质感。负责开发制造的大野浩介（株式会社锤绘东京营业所所长、兼意匠部部长）回顾说："用

列车由两节车厢组成，敞亮的1号车主要使用了枫树木材

黄铜制造会过于光亮，水户冈所想到的发亮的方法中这是最佳的选择。"为了在列车的面部实现立体安装，须预先准备符合实际尺寸大小的模型，然后抽出花纹，沿着车体的棱角使其弯曲。一块重63 kg的平整挡板，变成蔓藤花纹要切除约30 kg。"就像水户冈所说的，'因为要让花纹密度达到表面积的1/3，所以重量也会随之减少'。"（大野氏）因此，各种各样的豪华装饰，都是经过前期精准的计算预估后才得以实现的。

传递地方朝气的存在

"某列车"的外观设计灵感由来于横滨市"原铁道模型博物馆"的创设者、以铁道模型爱好者著称的、已故的原信太郎氏所制造的模型。明治时期由当时的九州铁路定制，然而未能投入使用的客车，在水户冈的手下由模型变成了实际可运行的车辆。

对用铁板制造的、凹凸不平的原车体进行数次手工磨光后，涂上金色和黑色。进行镜面加工的黑色

格调沉稳的2号车，使用了胡桃木材

（上图）提供甜品的柜台 （下图）洗手间 （P.15）走廊通道，都是用手工制作的部件巧妙地组装而成的。洗手间的墙壁上粘贴的是直接用打印机打印花纹的薄木板

窗户上贴了一些图形标记。这些记号使列车看上去如同在胸前贴了很多徽章的小孩子一般，似乎展现着列车的骄傲。"就算一天只有往返一趟，只要每天坚持就能继续被关注，这是一件重要的事情。毕竟，观光列车的最大魅力便是传递地方魅力和朝气。"（水户冈氏）

因此，作为给予乘坐者和当地人们的奖赏，该列车"只行驶于为振兴街区而努力的地方"（水户冈氏）。

列车将人们集中在铁路沿线和

精心制作的细木条格窗引人注
目（P.16）。与"七星号in九州"
一样，将整个车厢内部用超薄
的木板覆盖，这是采用最新技
术的结果

车站，进而向周边街区扩散。观光
列车的驶过也平添了一道风景线。
而其辐射效应不仅带动所经之地的
地域经济，也为新型城市的建设提
供了可能性。这就是水户冈氏所描
绘的铁路和街区有机结合的设计。

在九州的大自然中疾驰的"某列车",是设计使陈旧的列车重获新生,从而创造了新的价值

（图片由川井聪提供）

零距离报道

探秘"某列车"诞生全经过

"某列车"是怎么制造出来的？
零距离接触将旧列车改造成崭新观光列车的
最新技术和设计相融合的现场。

　　位于福冈县北九州市小仓北区的小仓综合车辆中心就是JR九州的车辆工厂。"某列车"便诞生在这个进行各种车辆检修工作的地方。两辆列车分别在不同的仓库里由众多的技术人员进行手工制造。经过多次的打磨工作，严重凹凸的铁板表面终于得以像镜子一样光滑。车辆周围整齐地摆放着马上要进行安装的桌椅、服务台、座位玻璃隔板、不锈钢灶具和厨房用具等。车辆的正面和侧面镶嵌的大型徽章靠近一看更觉厚重。

　　JR九州的车辆维修人员进行作业的同时，各个制造厂的相关负责人员也守候在他们周围，以及时应对产品在实际安装过程中出现的问题和之后的微调整。

　　多恩设计研究所的水户冈锐治代表经常亲临现场。"根据设计图做出来的部件应该不会有差错，但是不去实际看一看就无法确保一切顺利进行下去。"这样说着，他便在狭窄的车内打开保护膜仔仔细细地检查起来。有时他会发出重大改变的指示，比如在采访时，恰好进行1号车厨房的大改造。他当即下指示，将不锈钢灶台的一角斜面切掉18 cm，以避免厨房内走动的工作人员磕碰到灶台角上而受伤。为了提高服务质量，即使是乘客无法直接接触的地方也需纳入考量。这种主导思路也让列车质量不断提高。大约相隔3年半后旧车辆的改造才进行到安装发动机阶段，改造工作一直持续到正式运行的前一天，最终变身为装备最新颖的崭新列车。

（21—27页的图片是由桑田和志提供）

整修"由布院之森"、"音速"等各种列车的 JR 九州小仓综合车辆中心。水户冈锐治氏经常在制造现场监工

"某列车"的原型是行驶于旧JR唐津线上的"**キハ47型**"列车。改造中将称作列车心脏部分的车轮的驱动部分进行修理后重新使用。

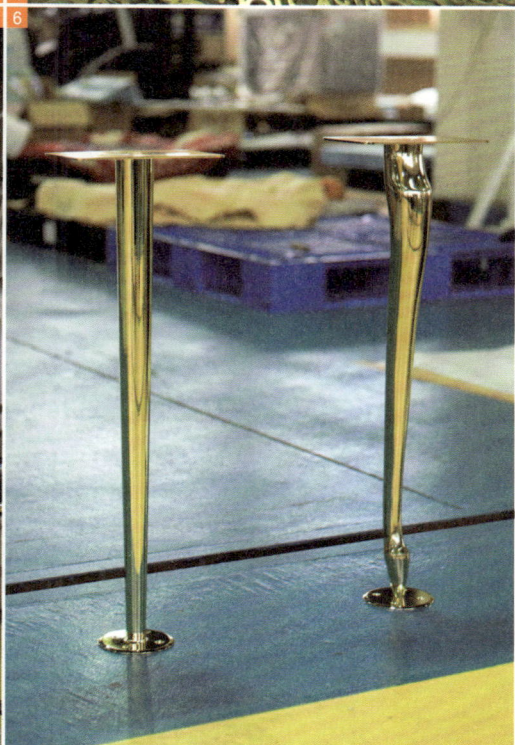

1 列车外表颜色是金色和黑色的组合色　2 列车外表上安装的各式各样的图形徽章　3 车内用具基本使用纯质材料。不对称的椅子把手，是为了给走动的乘客提供方便而设计的。　4 负责开发座位之间的隔板（5）和桌脚（6）等的锤绘的大野浩介氏。列车正面的蔓藤花纹是将6mm厚的铁板打穿后热喷涂加工而成的。

1 门上的彩色玻璃也是一块一块小心翼翼地镶嵌的

2 监工中的水户冈锐治（图片左一）

3 4

5

3 窗户和包厢的门用细木条做成　4 水户冈锐治手摸确认车内设置的用具是否有粗糙和容易使人受伤的地方　5 靠匠人手工制作的部分很多

七星号in九州 / JR九州

这里有日本顶尖的设计！

2013年秋诞生的观光游览列车"七星号in九州"
彻底改变了铁路旅行。
日本拥有引以为豪的高级款待设计。

"最好的款待始于最好的设计"
"七星号in九州"的1号车，客
厅内景。客房乘务员统一身着
白色制服

（28—45页的图片由川井聪提供）

* 4天3宿的旅游项，从 2016 年 4 月开始改为鹿儿岛中央
一八代间

博多

大分

八代

薩摩高城

隼人

宫崎

鹿児島中央

从车辆制造厂到当地产业，
都注入了日本最尖端的技术

「从来没有过的、将来也不会再出现的列车」

SEVEN STARS IN KYUSHU

SEVEN STARS IN KYUS

CRUISE TRAIN

29

七星号的外装饰，采用称作"古代漆"的深红色。模仿丰田汽车公司的"雷克萨斯"进行多层涂漆。图左为机车，上图为客车尾部。合为九州风景衬托下的列车

"再要制造同样的列车，恐怕也是无法超越了。"能让开发者们异口同声这样说的，也就是九州旅客铁路（JR九州）于2013年10月15日开始运行的豪华卧铺列车"七星号in九州"（以下简称，七星号）。

乘坐七星号成为旅行的目的

作为周游九州的旅游列车，七星号提供4天3宿或2天1宿两种日程。旅行途中，乘客不仅住宿在车内，而且还可以在由布院等人气旅游胜地下车观光。包含列车上为旅客提供的所有服务，1个双人间的费用约55万日元（开始运行时）。即使如此，七星号的人气骤增，就连2014年6月份的铺位也已售罄。从2014年4月到6月间平均倍率达

七星号的侧面。装饰着约
2cm厚的浮雕式图形徽章

皎洁的月光下的七星号。至
今人气不减，乘客一票难求

到了9倍。

　　支撑这个人气的就是堪称"最好的款待必不可少的舞台装置"（七星号的设计者多恩研究所的水户冈锐治代表）的列车内外装饰的设计。

　　七星号以世界超一流的卧铺列车为目标，大约花费了30亿日元的总费用制造而成。2014年7月起JR九州根据之前火爆的上座率将费用提高到77万日元(此后，打算进一步修改费用)。

　　进入车内，你会被精致的空间布局所震撼。天花板上布满了由纵横交错的天然木薄片精心制作的凹凸模型。无论是螺丝还是金属构件，

立体感十足的列车面部装饰，大量使用了传递古典气息的金属装饰

水户冈氏认为："到目前为止，日本有很多不错的款待。但是，还没出现让海外富豪和贵族们也感到满意的超一流的款待。"因此，他为了创造能够提供超一流款待的空间设计而进行了这一挑战。

包罗了尖端技术和传统工艺

挑战之一就是前面谈到的花费功夫改造出来的精致空间。另外一个就是，在营造款待空间时想到的另一关键，即"不放置一看就知道价格的东西"（水户冈氏）。

列车内的用具中只有路易斯·保尔森公司制造的灯具是现成品。除此之外，所有家具和照明，这类日常用具都是原创的。

就这样，设计成古典风格的列车上随处使用了日本引以为荣的各种尖端技术。

川崎重工业制造的用柴油机发电、靠发动机驱动的改良机车，与一般的柴油机车的不同在于噪音和

该列车的所有部件都是原创的。

所用木材的种类和家具的设计，以及布料和细木条格窗，还有点缀用的图案设计也因车而异。这样彻底改造的目的就在于，让乘客们搭乘多少次也不会感到厌倦，也就是说"让乘坐这辆列车本身成为旅行的目的"（水户冈氏）。

1号车的客厅车厢。白天为休息室，晚间作酒吧。置有钢琴可进行现场演奏

震动不会影响到车厢里的乘客。

JR九州铁路事业本部的运输部主任香月弘二说："JR九州和日立制造所开发的客车，其可欣赏钢琴演奏的客厅车和食堂车，包括卧铺车，都根据不同的用途进行了隔音处理。"

实现水户冈氏的设计时也使用到了日本国内各种最尖端的技术，比如说，展现七星号富有特色的面部时不可或缺的挡板栅格，其开发者株式会社锤绘东京营业所所长兼意匠部部长大野浩介回顾说："仅仅制造两个冲压加工的工业造型的栅格就是非常难的事情。"

将紧紧拧成的挡板栅格进行冲压加工看似很容易就能做到。可是，如果要做冲压加工，必须花掉几百万日元的成本来制造模子，而就为了制造两个挡板不可能投入那么多的资金。

于是，大野找到了用NC加工手法使金属板卷曲的"压力锻造"技术。为了防止变形过程中产生折子，使金属挡板弯曲成完全吻合列车3次元形状的效果，须在锻造中往金属管中装满沙子。然后找来专为祭祀用供奉神牌位的轿子镀金的工厂，为其涂上金色的表皮。

使列车的侧面呈现出立体感的、黄铜制造的图形徽章装饰，就出自大野之手。他根据水户冈氏送来的原尺寸大小的二次元设计图，在探讨了"怎样表现立体感才能更显眼"的问题之后，将它置换为立体形状，然后再把它3D打印出来，与水户冈代表反复讨论后做出了成品。

为了让七星号更有魅力而奋斗的不只是株式会社锤绘，还有制造家具等木制器具的环节，也汇集了经验丰富的精锐团队的智慧。制造木工家具的是维修制造皇居内宫殿、迎宾馆、国会议事堂，以及一流酒店等的家具的备前家具制造所，其与水户冈氏保持了常年的合作关系。还有，用木质材料覆盖起

洗手间的洗脸池用的是柿右卫门的瓷器

车内到处使用木条格窗，其图案各个客房互不相同

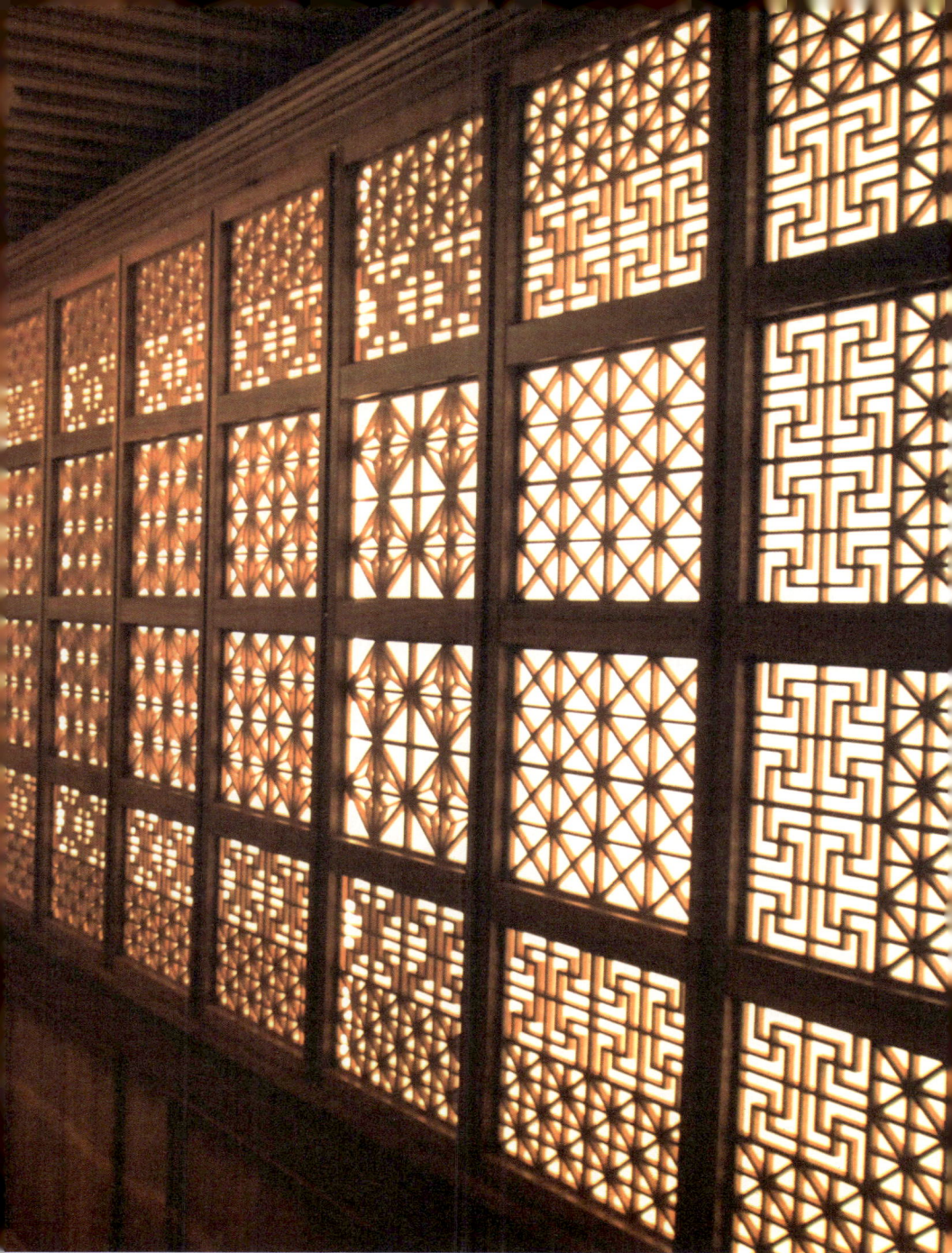

2号车的餐车。用了比1号车还要亮色的木材。天棚的设计各车厢不相同。内部也设置有单间和茶室

1 2

4 5

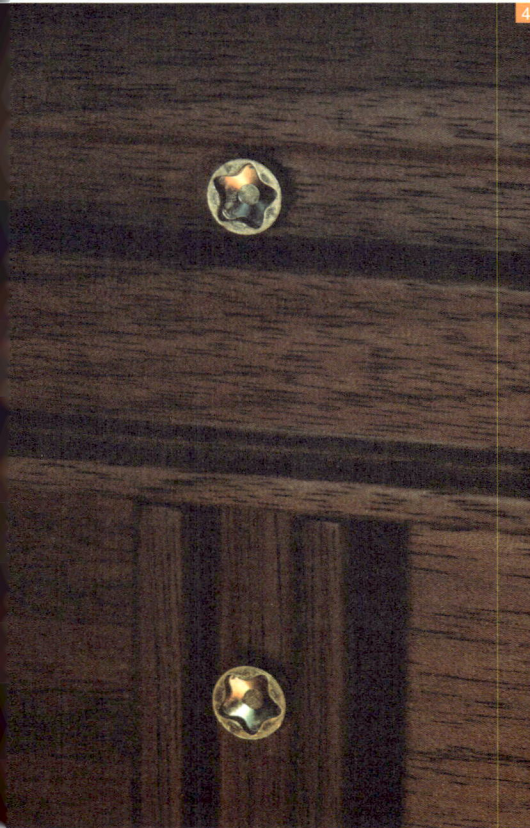

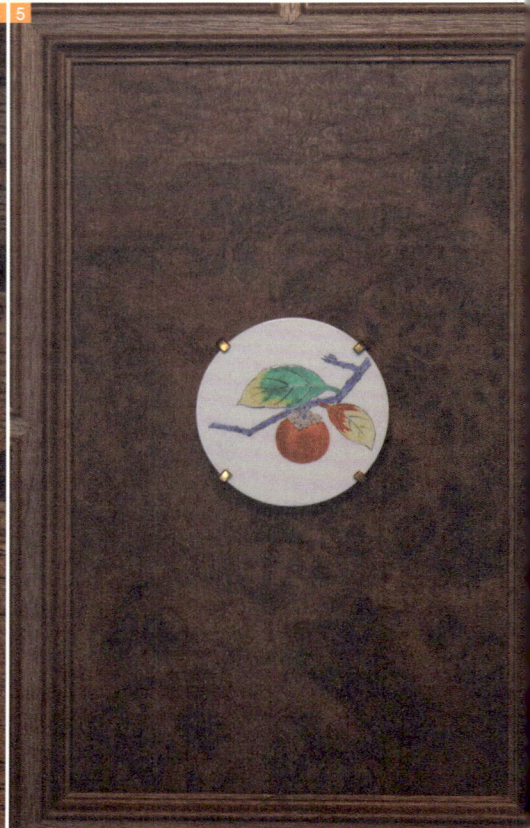

1 家具上嵌入了具有立体感的"SEVEN STARS"的标志　2 吧台上的锻铁
3 彩色玻璃也是手工制作的　4 内部装潢用的螺丝帽都是独特的五星形状的

5 柿右卫门的金属板。就连固定用的金属部件也都是特制的（像9和10）
6 从外面看到的窗户很漂亮
7 所安装的灯具的大部分也采用了独特的设计

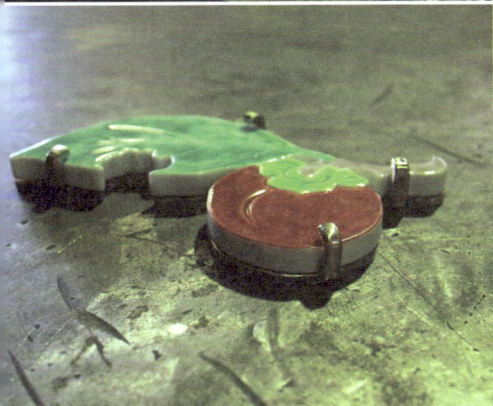

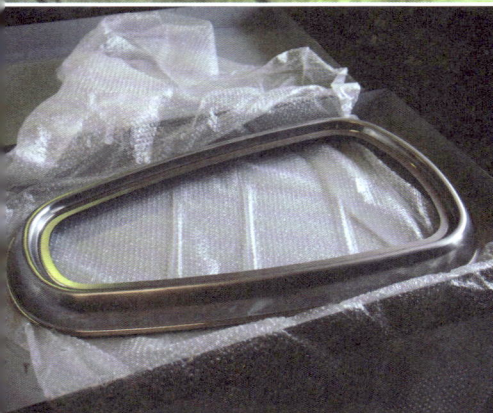

来的天花板和墙壁等的内部装饰，如果没有北三株式会社开发出桑福德这样的耐燃性天然薄板并将其高密度粘贴的技术，是很难实现的。

这样建造起来的空间，还要用有田烧等闻名遐迩的传统工艺品来进行装饰。只有像川崎重工业和日立制造所等大企业，与兼具智慧与技术的中小企业紧密合作，才可能完成该任务。这样凝聚了日本全国的技术精髓，终于造出了七星号。

位于JR九州的小仓综合车辆中心的、称作"七星号制造所"的制造基地里，张贴着负责制造和设计的工作人员的头像和"制造世界第一列车！"这样表示决心的标语。

水户冈认为，在这样的态度决心下设计和制造出来的列车，当乘客坐于其上，所看到的景色即使与通勤列车上看到的完全一样，其获得的感受也是大不相同的。

现在，有很多铁路粉丝们为了拍到列车行驶中的风景，陆续来到九州。深红色的古典列车行驶在没有电线线缆的恬静风光中的样子，这样的景色吸引着很多人。七星号不仅丰富了乘坐列车的客人们的体验，而且还给不乘坐列车的路人也送出了美景带来的愉悦和憧憬。

将平凡的地方风景改造成观光资源，七星号创造出来的顾客服务和设计就是具有这样的力量！

8 图形徽章经3D打印后制作，并检验了其立体感
9 10 柿右卫门的金属板和固定用的金属部件的制作现场。根据金属板的形状逐一手工制作
11 前一页上的图片 3 4 中的模型，系将0.2mm的薄木板粘贴于铝片逐一制成的，是一项很困难的作业
12 机车正前面的挡板。未经冲压加工成型的最初状态。而后将其弯曲成符合机车形状，并镀金处理
13 工厂内的情景

七星号的包厢，圆形天棚增
加了室内舒适度。将座位平
放成床的状态也能看到窗外
风景

在夕阳的余晖中行驶的七星
号。这是凝聚了日本传统工艺
和尖端技术打造而成的、举世
无双的旅游列车

〔图片由川井聪提供〕

我的目标是:推动日本的顶级设计

水户冈锐治

多恩设计研究所代表

（图片由丸毛透提供）

水户冈锐治（Eiji Mitooka），1947年出生于冈山县。1972年创立多恩设计研究所。1988年他亲自设计了游览特快列车（JR九州）后，还设计了无数备受好评的九州观光列车。曾获得过蓝丝带奖、劳雷尔奖等多种奖项。他是JR九州和两备集团的设计顾问。

日经设计（以下简称为ND）：感觉JR九州的第一观光列车——"七星号in九州（以下简称，七星号）"与以往水户冈参与设计的新干线和特快列车相比，是非常高级的、以"款待"为主要目标设计的列车。

水户冈：从价值理念而言，七星号完全不同于以往的豪华卧铺列车。我们试图创造出近年日本的服务中还未出现的新的A级，提供像欧洲贵族们所享受的高端奢华旅行。让乘客坐享最先进的设备和最精致的内部装饰、最漂亮的制服、最可口的饮食……这样一切都被最好的环境所包围时，不用说乘客，就是提供服务的工作人员也都会处在最好的状态之中。

因此，在设计上下功夫是尤其重要的。如果改变了乘客的所有感官体验，那么以往在上班的地铁上看到的风景将变成完全不一样的景色。为了使移动的空间本身成为绝佳的体验，我对于一切都追求最高品质，这些都让"七星号"本身成了旅游的目的。

ND: 车体和内部装饰得非常古典的设计也是仿照欧洲的豪华列车吗？

水户冈：这一设计也许看似与现代的设计趋势背道而驰，但是，据统计，古典式的宾馆、旅店更为众人喜爱。在人类的历史上能够存留下来的好东西，就是经典式的。

这次尤其是集结了日本工匠的技艺。制作者在运用古代的手工作业的同时，也应用了最新技术。比如说，制作客房门用的木板时，中间用了铝的材质，在其上面又粘了厚度只有0.2毫米的木板，就这样通过最尖端的技术和工匠们手工作业的融合，呈现出"高端的"古典风格。

不过，经典的设计会花费很多功夫。在这个意义上，这次尝试也挑战了对古典的极限追求。为了尽可能压缩时间和金钱成本，不惜全

「长年得到众人关爱的，基本都是古典的东西」
——水户冈锐治

强力彰显古典风格的"七星号in九州"

(图片由川井聪提供)

员全力共同奋斗。作为设计师，我将思考问题的效率提升到了近乎极限，有幸的是，JR九州和列车改造团队也有着同样的决定力和执行能力。

这次成功取决于经营者上层与设计师之间的密切联系。我们提出方案后，如果有任何问题，唐池恒二社长会立刻现场做出指示，当场解决问题。在整个车辆改造过程中这样的场景出现过不止一次，这些都让不可能成为可能。

ND：JR九州的唐池恒二社长的这一参与方式起了重要作用吗？
水户冈：唐池社长对于设计方提出

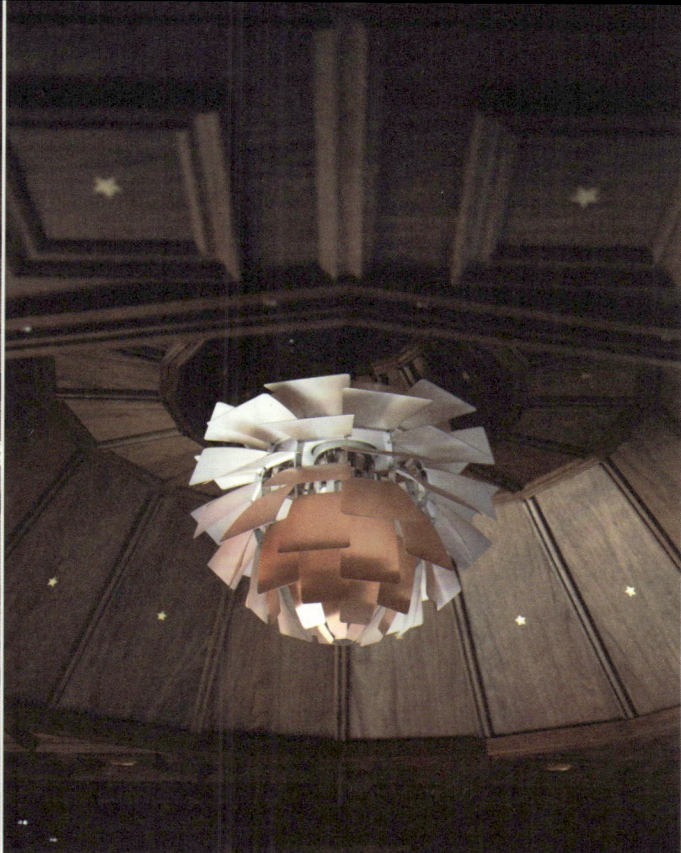

最近水户冈氏在其设计中越来越多地活用金属质感这一因素。（图左）在铝板上面粘贴"三福特"牌薄木板，并在上面印了各种七星号的图标。精工细作的天棚（图中）车内唯一使用的现成品就是这盏灯（图右）

的方案有着当场就能做出决定的决断力。因为能当场做出决定，所以发挥了非常大的作用。如果领导不能当机立断，不能高效判断是否采用我们的想法，那么我们的工程便不能有进展。

过去在车辆开发时，是以车辆科为中心的，而这次是以观光列车

工作人员的秋冬服装采用了黑色和白色上点缀金色
的古典设计（图左）
（图右）（图片由川井聪提供）

的运营组为中心的。怎样让顾客满意是第一课题，而车辆的设计是次要的。这里的关键在于：为谁做，以及做什么和怎么做。

不过，总的策划者总是社长。"七星号"的构想就是在与社长交谈时具体形成的。参与我们这个工程的工作人员，不像之前那样由老手组成，而是以30来岁的年轻人为主，在社长组织之下全新组织起来的。列车员向全国招募，这对JR九州来说，也是史无前例的、革新

的做法。

ND：列车设计中到处都有用到日本匠人的技艺，在具体的合作中，是怎样说服他们按您的思路做的呢？
水户冈：匠人们也像设计者一样，想跟随与自己有着相同想法的人，不遗余力地发挥自己的实力。当别人苦恼于"没有预算怎么办"时，他们会抱着"即使没有预算也要尽量做好力所能及的事情"这样的态度全心投入，这就是匠人。

在"七星号"上放置的家具和日常用具等都是为这一列车专门设计的，所以与匠人的相处很重要。为了让他们心情愉悦地投入工作，我会尽可能提供与产品尺寸大小相同的图纸等，方便他们使用。设计师在与他们沟通时能尽量为他们考虑，这一点显得尤其重要。

ND：**听说您会在现场进行查核是吗？**

水户冈：不管什么情况下，我都要到现场指挥和激励工作人员及工匠们。因为是创造以前没有过的东西，现场也一定会出现各种突发事件和意想不到的故障，这些都要在现场解决掉才可以。在实际的试运行过程中当场查出不好的地方，并当即改善。就这样最终达到最佳状态为止，反复进行这样的工作是最重要的。

ND：**从概念到实际的服务，设计起到非常重要的作用。**

水户冈：自古以来日本的款待之心无处不在。制造独一无二的、且能让乘客心情舒畅的车辆本身，就是服务的一部分。

举个例子，顾客想要让工作人员做某事。他可以拨打房间内设置的内线电话，说明所需的服务，但这就不能成为款待。款待应该是顾客按下传呼铃后，工作人员直接访问顾客房间，当面询问要求。将这种细节用设计来协调这正是设计师的职能所在。设计师要不断探索如何能让顾客满意，因此设计师也必须是服务方面的专家。

备置有10cm厚的竹帘、拉门、帘子等。窗户的构造特别讲究

※采访内容是2013年9月的。

第 **2** 章

扩散中的
水户冈型款待

首先是当地人能享受的服务

在基本部分的共同性上添加当地的独特性

这就是水户冈模式!

从列车到车站，再向街区引导人们

款待不只局限于车辆设计，而是从列车到车站，
再向街区引导人们，在这一过程中引导的
人流有助于车站周边地区的复苏和活跃，这就是水户冈模式。

"因为自己将成为美丽风景的一部分，所以自然愿意援助"

（画插图者为平井さくら）

现在不只是JR九州，冈山的两备集团、和歌山的和歌山电铁、熊本的肥萨橘色铁道及球磨川铁道、长野的信浓铁道等，全国各地的地方铁道上都能看到"水户冈列车"在运行。

我们当然可以将观光列车的流行归功于消费者的业余娱乐意识和时间的利用方式的变化。可是也不能忽视单单乘坐就能使人兴高采烈的水户冈列车的高品质设计对于消费者所施展的魔力。据说"七星号"和"某列车"的制造费用分别达到了30亿日元和6亿日元！

然而，水户冈氏设计的真本领不在于花大钱制造豪华列车。水户冈氏的目标是尽可能地给更多的人提供高品质的体验。实际上，信浓铁道的"六文"（2014年7月开始运行）由3辆列车组成，造价仅为1亿日元，而其内外装潢的质感方面却一点也不比JR观光列车逊色。水户冈氏也认为"3 000万日元就能制造出一节独创的列车"。

在外国人观光客中享有盛誉的JR九州"由布院之森（YUFUIN NO MORI）"（上图）。在京都丹后铁道还运行着"丹后黑松号"（p.63）等很多由水户冈设计的列车

能这么做的秘密在于巧用这些参与制造JR九州观光列车的工匠资源。将基本的设计和部件通用化，再于其上添加当地特有的材料和文化要素来突出其独特性。这样便能造出低成本、高品质，而且具有独创性的观光列车。

据说，与水户冈一起工作的工匠看了水户冈氏递给地方某顾客的估价单后非常惊讶。"工匠提出的技术费用的原价原原本本地记录了下来。"其中只包含了些许水户冈氏的"设计费"。"在他的这种态度的感召下，只要是水户冈的请求，大概很多工匠即使有些为难也会感到要义不容辞地去实现。"

在这种情境下打造出来的水户冈列车自然能够吸引人们，以此为起点又会产生从列车到车站，再从车站向街道的人口流动，从而搞活地区经济——这就是"水户冈模式"，即水户冈氏想要实现的图景。

观光列车的未来发展趋势

水户冈模式还不能说已经实现，不过，水户冈参与制造的列车

（图片由多恩设计研究所提供）

在不断向全国扩张之际，新的人流悄然产生了。例如，2015年4月开张的JR大分车站楼"JR大分城"就吸引了大量之前不来车站的人群，开业3个月内客流量达到770万人次。设计"JR大分城"主通道的就是水户冈氏。入驻该综合体的"大分JR九州布鲁斯姆酒店"的室内装饰也是水户冈设计的。还有，肥萨橙色铁道的阿久根站，它不只是乘客上下车的场所，也是地方政府的文化中心，也就是说车站变成了当地居民一有事就能随时集结的公共空间。此外，在这里举行的小型音乐会也在吸引着游客。阿久根站的改造也是水户冈应当地政府首长的要求设计的。

现在的观光列车已经不只是交通工具那么简单了。以乘坐观光列车的体验本身为目的的新型休闲娱乐方式正逐渐被人们所接受。下一步，就是要让来自全国各地的、为了乘坐观光列车而来的人们了解沿线的文化和物产，引导他们走进城市和街道。运营观光列车能掀起这样的潮流才有意义。

2015年4月开业的JR大分城。包括车站商业设施、屋顶庭院、酒店、温泉设施等的综合车站大楼，开业3个月内光顾的顾客人数达到770万人次

由水户冈氏设计的、上乘质感的中央大厅。下大功夫特别处理的天棚和地板引人注目

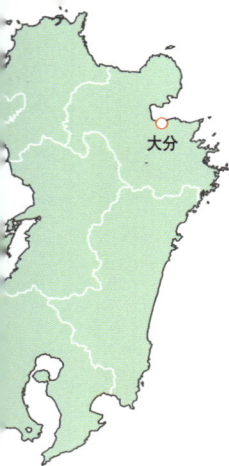

JR大分城

出站即享的热闹——繁华街区里的车站

2015年4月开张的"JR大分城"是JR九州主要车站再开发项目中的第五个综合建筑体。原来的街区被铁道分割为南北两部分，而将地面铁道改造为高架铁道的改造工程则改变了原来的格局，也为大分城建造提供了契机。车站的综合体加之大分市的市中心南北轴修建工程中出现的站前广场，街区和车站联成一体，共同唤起了市中心区域的繁荣。

从"城门"印象开始

建造JR大分城的规划始于2011年夏天。据说当时的JR九州的唐池恒二社长递给水户冈一张草图——一幅西洋的城址上能看到非常漂亮的街门的概念图。这幅画里酝酿着创造"贯通大分南北街的象

"大分城楼顶广场"也是由水户冈氏负责设计，是面积达4 500㎡的全日本最大楼顶广场

（插图由多恩设计研究所提供）

国家指定的重要文化财产丰后一宫是分祀柞原八幡宫的神佛之灵的铁道神社

铁道神社的表参道上的商店街

撞钟堂内可以鸣钟

小孩子们欢闹的"嗡嗡广场"上的滑梯、秋千、三轮车和假喷泉

"小黑呜呜号"绕广场一周，行驶在水池上，是可供欣赏屋顶景色的电动小列车

征"和"感受大分的历史和文化的存在"的想法。这个城门既应当是从车站北侧的市街和南侧新街的贯穿通道，也应该是访问车站的人们自然而然地接触到大分的历史和文化的窗口，而后的设计工作也便在这个方针的指引下展开。

九州旅客铁道事业开发本部大分开发规划项目的调查主任高巢真哉回忆道："如果不是水户冈氏，很难将会长的构想变成现实。"这次，水户冈氏主要负责了车站中央大厅和八楼楼顶广场的设计工作。楼顶上不仅有供孩子们玩耍的设施，还种植了1 000棵树木，建造了田地、水池、瀑布等，这种设计对于JR九州来说也是初次的尝试。现在，这里人来人往，热闹非凡。

在田地的一旁建造了像列车包厢似的小屋——"逗留式农庄"

"刚开始以为必须严格按照设计图完成才可以，但是这种忧虑是完全没必要的。当然，水户冈还有自己不能妥协的底线，而我们的作用就是想方设法，保质保量地完成任务。"（高巢氏）

例如，有一个用大理石铺中央大厅地面的设计方案是超出预算的，如果用现成的瓷砖代替又会达不到预期的效果。这时水户冈立即提出了在白色瓷砖一角上嵌入黑色瓷砖的提案，水户冈的"不惜一丝功夫"的设计哲学可见一斑。

JR大分城中有一个由124家店铺组成的商场"amu plaza oita"，其中有119家店铺是县内的第一家店，同时，大分城还拥有以离地80米高处的露天浴池而

69

JR 九州酒店运营的"布鲁斯姆大分"与车站也有直接联系。将"七星号in九州"的豪华感带入客房这种思路下设计的客房和门厅。它们也用水户冈设计的布料和细木条装饰。县内的顾客较多,其中也有回头客

闻名的酒店"blossom大分"。大分城与地域的联系也值得一提。由市政府管理的站前广场上经常举行各种宣传活动,并与周围的老店铺和购物中心联合举办减价促销等活动,各方共同为提高对顾客的吸引力而努力。正是在这样的联动下,开业不到3个月已经有770万人光顾这里,最高日访客量更是达到了174 000人。

水户冈的设计渗透于车站、中央大厅、房顶、外观、酒店客房内部装潢、大厅指示牌和公共空间的色彩计划等各个方面。这种设计在大量吸引眼球的同时,也成为提高车站和街道活力的推动力。

おれんじ食堂

新八代

川内

橘色食堂 / 肥萨橘色铁道

铁道行，也可以是饕餮之旅

(72—82页的图片由肥萨橘色铁道提供)

费用：特制午餐和游览晚餐成人 21 000 日元。除此
之外，还有多种饮食服务

"橘色食堂"的1号车和2号车，内部装潢和服务各不相同。1号车是"餐车"，里面有厨房，也置有饭桌

过去新干线不设餐车的最大原因，就是当时设计者认为设餐车需要大量经费，并不合算。事实却正相反，一直亏损的地方铁道建造出"疾驰的餐厅"列车后意外地大获成功。肥萨橘色铁道于2013年3月开始运营被称为"橘色食堂"的观光列车。车厢内部被装潢成饭店风格，并为乘客提供可口的饭菜。

这一内外部装潢也是由设计"七星号"的水户冈锐治负责的。列车由两节车厢组成，一日往返三

至四趟，包括午餐在内的车费为成人 21 000 日元。从熊本县新八代车站出发，乘客可沿途观赏九州西海岸的风景，列车大约行驶 3 个小时后到鹿儿岛县川内站，也算是次短途旅行。

在乘车旅行期间，列车不仅为顾客提供与当地饭馆合作开发的原创料理，还会在中途接近每一车站时为乘客提供该地区的特产，在一些停车时间较长的车站，站台上往往堆满当地高中生生产的点心和新

2号车是"客厅车"，为了让乘客悠闲自得地眺望窗外美景，里面还设置了用帘子和间隔墙相隔开的单间

炸出来的咖喱面包等，供旅客购买。到终点时，乘务员还会发当地特产给乘客尝试。

在 尽享了列车经过的7个区域的美食款待之后，旅行接近尾声时旅客已经吃饱喝足，能够一次体验到沿途各地特色饭菜，实在让人满足。

美食战略非常奏效，从食堂开办以来的4月到6月间，运营收入比前一年同期增长了24%—30%。相应的旅行收入也至少增加了1倍。

制造只有当地才有的东西

肥萨橘色铁道是典型的为人口减少、产业空洞化等问题所困扰的地方铁道。定期券的持有者一年仅有3 000人左右。这个数字也逐年递减。原本铁道就是"大型装备产业",需要巨额的设备投资。即使有一亿日元的收入,单为维修路线就要花掉两亿日元。

肥萨橘色铁道连续10年每年亏损1亿5 000万到1亿8 000万日元。平时的运营早已苦不堪言。

车内放置着具有水户冈设计
特色的、各种有趣的装置，
列车前后两端也设有儿童
眺望用小座位

洗手间附近放置的、陈列沿线地区工艺品的橱窗

移动悬挂牌的复古式车站指南

乘务人员的新制服

要想解决民众就业、发展当地产业和重振铁道事业，没有其他选择，只有利用当地的资源，大力发展观光旅游业。要想发展观光旅游业，原产原销的当地食物便是强有力的吸引顾客的元素。

主持项目的营业部长川窪重伸曾在酒店行业工作过15年。他虽然对于铁道不太了解，但对饮食业非常熟悉，并凭这点提出了新型铁道服务。

九州地区的旅游格局，都市观光方面以博多为主，温泉以汤布院为主，主题公园以豪斯登堡为主。要说地方风景和食物，日本全国各地不胜枚举，九州并不突出。利用

图 1 、图 2 、图 3 分别为第1，2，3班次所提供的料理，各不相同

4 是指南手册 5 是水户冈设计的工作人员名片 6 7 是橘色食堂特有的物品（ 6 是特制瓷杯、 7 是橘色食堂运行纪年入场券）

当地食材，也是说来容易做来难。

川滏重伸认为，必须设计出只有当地才有的、独一无二的，而且值得游客特意为之而来的东西。在这一主导思路下，形成了带领乘客了解七个街镇的同时，让他们满腹而归的观光攻略。川滏重伸部长还说，在商业上，橘色食堂主打的是“极致的经济循环列车”。起初，他打算在车上的厨房里现做料理。然而，考虑到卫生情况很难得到相关营业许可，并且若采取列车自制食物，就只能与一级加工业者产生联系，很难与当地的产业发生关系，对于地方经济的活跃贡献就不会大。于是，改为让当地的饭馆提供列车上供给乘客的饭菜。这样列车行就能与饭馆相关联的产业产生联系。

水户冈氏曾着手设计过包括提供饭菜时用的餐具在内的、橘色食堂内外部的装潢和监修工作。肥萨橘色铁道会与水户冈氏合作，也是因为为列车提供饭菜的餐馆恰好是水户冈设计的水俣市观光物产馆“鹤之屋”。

现阶段橘色食堂已经向当地饮食店支付了3 000万日元。关于开始经营橘色食堂的成效，川滏部长说：“能够不依赖国家和地方政府拨出的货物调整金的税金支援，找到自食其力填补亏损的方法，这一点很重要。”

据川滏部长说：橘色食堂是主打饮食娱乐一体的列车，同时也是“极致休闲铁道”。“上车后，一边凝望车窗外的海景，一边喝着啤酒，度过静静遐思的时间，体验大都市中难以感受到的闲暇。明年肥萨橘色铁道还要继续策划并提供更多休闲、愉快的顾客服务项目。”

热闹的交流馆阿久根车站 / *肥萨橘色铁道*

火车站也可以是文化地标

阿久根

(84—89页的图片由小森园豪提供)

重新修建的车站保留了旧车站氛围，使用玻璃的外部装潢，使车站显得更为开阔

大量使用天然材料的阿久根车站候车室。这里有时也举办展览和小型音乐会

水户冈氏设计不只局限于像JR大分车站那样的大型建筑，也不只有从熊本到鹿儿岛的肥萨橘色铁道——他所设计的奔驰的饭店"橘色食堂"让他名噪一时。2013年5月，他所设计改造的阿久根站变身"热闹交流馆阿久根站"后重新开业。这个由水户冈氏全面着手设计的车站建筑，已成为当地非常重要的存在。

用大量自然材料建造起来的这个车站楼，就像舒适的别墅。候车室内有阁楼，阁楼旁边还有可以借书的图书馆。大人从饮料吧买来饮料也能在儿童木制玩具角落里休息。流动的"橘色食堂"里提供的料理使用阿久根的时令食材。放学的时候，还能看到高中生们在这里做作业。

商店里摆满了鹿儿岛的著名特产

售票处的标志和时刻表也是经过设计的

扩建旧车站而增设的咖啡馆

站台。列车一小时一趟，对于市民来说是非常重要的存在

阿久根车站已不只是出行经过的地方，而是成为市民们休憩的场所。

建造当地居民喜爱的车站

旧车站保留了60多年来留存在人们心中的印象，它也成为这座小城面向外部的象征性存在。它不仅是人们上班下班、上学放学时所停留的地方，也是大人带着小孩玩耍的游乐场，是出售当地土特产的商铺林立的集市，是市民商谈和举行讨论会的场所。而设计师的初衷就是把它打造成能将市民们聚拢在一起的场所。

阿久根市的人口今年来逐年减少，而且尚未开通高速公路和新干线。在这种情况下，西平良将市长认为，虽然没有什么东西，但通过努力也能缔造让市民感到有东西而自豪的城市。

"虽然没有开设专门对外的景点，但是如果将平时市民的丰富且活跃的生活状态传播出去，自然具备吸引力。如此一来，像公民馆一样的车站也就会成为迎宾馆。"市长说。

这个花费2亿1 000万日元的改装工程一度受到批评。这个一小时内只有往返两趟列车停靠的小型车站，如果按常规改造后只能起到上下车的功能。因此，这种赋予它新的作用和意义的尝试就显得非常必要。

候车室里的阁楼是小憩的空间

现在每个月举办一次小型音乐会，每次都会聚集很多人

多恩设计研究所代表

水户冈锐治

什么是搞活地方经济的列车设计?

水户冈锐治,1947 年出生于冈山县。1972 年创立多恩设计研究所。1988 年着手设计了游览列车"Acqua Express(JR 九州)",此后从事各种车辆的设计。曾获得过蓝丝带奖、劳雷尔奖等。他是 JR 九州和两备集团的设计顾问。

(图片由丸毛透提供)

日经设计(以下称为 ND):建造地方铁道观光列车时,最重要的是什么?

水户冈:就是要造出独一无二的列车。地方铁道,一般采用翻新旧列车的办法,不会改变投入成本较多的部分,如窗户的大小和位置等。而是会改造椅子、灯具、地面、墙壁等部分。一节车厢若有 3 000 万

JR九州特急"由布院之森"的内部装饰。2015年7月开始运行时增加一节车厢后一共5节车厢。座位和天棚等全部进行了装饰，行驶区间为博多到由布院之间

（91—97页的图片由多恩设计研究所提供）

日元的资金，就能完成改变内外装饰的颜色、象征性图案以及命名等的设计制作。宣传册、车票、便当等也可以原创性地做出特色。

总之，因为要达到独一无二的效果，所以即使预算紧张，也不能用既成品。因为是独一无二的翻新，所以地方电视新闻和杂志也争相报道，当地的人们也会因在报纸上看到过相关报道而会或多或少想要尝试乘坐。因此在这类设计中所关注的，不是对于设计者而言的普遍意义上的好与漂亮，而是努力创造出"此处独有"的体验这种设计心态。正因为有"此处独有"的匠心，顾客才能感到由衷的高兴，而这是非常有意义的事情。

水户冈设计三原则

* 认为设计是城市朝气的根源

* 创造被地方的人们所喜爱的街区宝物

* 建造独一无二的列车

ND：您认为列车设计应该是什么样的一种状态？

水户冈： 不是表达自己的想法，而是怎样更客观地将地方的历史、文化，以及经济价值结合起来编织故事，而后将其用列车内饰的颜色和形状来表现。这其中需要凝结很多人对列车的各种愿望，让大家感受到"这是我们的列车"。总之，设计出比起观光客，当地铁道沿线的人们更想乘坐的列车，这是更重要的。

其实，来观光的人也不太会喜欢乘坐当地人完全没有乘坐过的列车。列车和地方人文融于一体更会吸引旅客，就像食物的当地产销一样，人和文化也必须是扎根于当地的。服务人员操着当地方言，往往会更容易传达当地的文化形态也是这个道理。

建造观光列车，就等于创办一本传播沿线地方价值的杂志。一本杂志要有封面、目录和报道。同样，在观光列车设计制造中，相关形式也缺一不可。在预算有限的情况下，注入时间和技术，全力以赴建造出独一无二的地方象征——地方观光列车，也可以视之为创造城市的瑰宝。

ND：当地人所认可的、好的列车设计应该是什么样的呢？

水户冈："好"不在于设计的好与坏、新与旧，也不在于感觉和品味的好与坏，关键在于是否尽可能地站在使用者的立场上考虑问题。不能以便于运营者为立足点，而应是即使运营起来不方便也要以使用者的便利为出发点。

只要让顾客感受到设计中对于使用者的格外关照，那么他们就会高度评价我们的用心良苦。设计者认为的"美"和"好"往往很难被大众接受。观光列车的设计所追求的并不是显而易见的便利性和经济性，只有让乘客体会到其中下了功夫，才能容易被接受。

日本各地都在设计各式各样的列车，其中不免也有一些滥竽充数的。建造出一般的东西来欺骗顾客是决不容许的，完全丢给制造厂家去实现的做法是不可取的。好的设计必须由设计者来画好设计图并接入各个环节。设计者其实也是体力劳动者，全神贯注才能设计出好的作品。时代要求列车具备一定的附加值。没有好的提案，顾客也不会"买单"，换汤不换药仍然得不到顾客的欢迎。

ND：关于列车作为公共设计的价值，您是怎么考虑的？

水户冈：列车设计最初是作为公共设计开始的。道路和车站等公共设施反映着其周边居民的生活图景和意识形态。同样，公共设计的水平也能够代表这个国家的实力。今后的日本不是靠经济，而是要用文化软实力来竞争。

但是，设计街道马路（街並み）对于设计者来说是一件苦差事。例如，设计出怎样的效果，很难去听取每个居民的意见。而列车就不一样了，铁道公司和列车制造厂，以及设计者三者合计便能对设计方案进行拍板敲定。

ND：在为地方注入力量这一意义上，观光列车的可能性是什么？

水户冈：建造观光列车一周只跑一趟很不划算。本来地方铁道就是亏本的。可以认为，公共交通设施是用征收的税款来建造的。虽然部分地区人口少，但要考虑到也有不能开车出行

"一起玩儿吧号"（JR九州）是连接熊本站和宫地站的特急列车

用白色统一起来的"一起玩儿吧号"的内部装潢。靠车窗的是亲子座位"白色的小黑猫座位"

"小玉电车"（和歌山电铁）的车内设置了别致的猫型座位

和歌山电铁"贵志站小玉车站"，其特点是有着猫耳朵的用桧柏树葺的屋顶

的人群，所以作为政府，在运营公共交通时，就算亏本，也要保证铁道运行，为这些人提供方便。

在这一前提之下，地方尝试打造观光列车是有可能性的。以"小玉站长"而著名的和歌山电铁的贵志川线便得以大为改观，吸引着众多外国观光客。JR九州的"某列车"，集日本的工业力量，重新改造古旧列车，设计出了令人感动的列车。以铁道作为起点，整个城市的活力也随之提升。

日本到处都有森林、河川等美丽的风景。一些城市本身就可以成为观光的对象，而观光列车之旅也是丰富而又令人愉快的城市宣传。

可以说观光列车是剪取乡下风景，展现其魅力的画框。

ND：为什么列车的设计能让地方活跃起来呢?

水户冈：即使车站再漂亮也不能挪动自己的位置。但是列车不同，它能从线路的一端行驶到另一端。沿线的人们向列车挥手，高龄老人可以坐轮椅来目睹列车的样子。如果遇上好天气，大家可以在那里集会、喝茶、聊天，加深邻里间的感情。

设计改造一辆列车花不了多少钱，却能改变人们的流动方向，同时，为街区注入新的活力。设计是城市活力的源泉。（2015年7月的采访）

小玉电车的外部装潢有101只"小玉猫站长"的彩绘。不仅列车的内外部装潢，也设计了车站建筑，展现出游乐园的氛围

2010年8月，重新建造并开始营业的和歌山电铁贵志川线的终点站"小玉博物馆贵志站"。桧柏树皮做葺的屋顶、使用和歌山县产天然材料修建的车站是给"小玉"猫站长的礼物。正面看呈猫脸形状。由水户冈锐治设计

因水户冈的设计而引人注目的两备集团

站长是只猫

对积极采纳水户冈设计，
来促进地方交通基础设施的两备集团来说，
比起效率，努力做到让人希望"乘坐"才是款待的核心。

（98—107页的图片由两备集团提供）

●和歌山電鉄貴志川線の輸送人員の推移

統計图说明：2006年4月，南海电气铁道转让给和歌山电铁的贵志川线。2005年度为止运送人数一直处于减少状态，但是从2006年度开始恢复至200万人次

2009年开始行驶于和歌山电铁的贵志川线，车体上画了101只小玉猫的"小玉电车"。车内广播中也有小玉猫的叫声。由水户冈锐治设计

一只三色猫担任站长，由此博得了众人眼球，这就是和歌山电铁的贵志川线路（路段）。距该线路的始发站和歌山车站14.3 km的终点站就是猫站长"小玉"工作的贵志川车站。2009年和歌山电铁开始投入使用车厢身上画了101只"小玉"猫的"小玉电车"，2010年又建成了外观为猫脸的贵志站——小玉博物馆贵志站。

以小玉为主要元素，新出现的列车和车站建筑呈现出像统一包装似的一体感，这也吸引大量游客来到这个观光资源匮乏的地方。

持续发送话题的贵志川线路

和歌山电铁于2006年4月接手了贵志川线的运营。2007年三色猫小玉担任了站长。第二年，由于对乘客人数的增多做出了显著贡献，小玉晋升为"超级站长"。之后又获得了"和歌山县功勋爵"奖，并且

木制车站内设有咖啡屋和展览厅。款待来访者的木制室内设计

地板用的是奈良的纯质木材，使用了大量的木材装饰的"草莓电车"

车厢内导入了展示模型的空间和封闭式售卖机，用玩具装饰车内的"玩具电车"

小玉电车内的木制猫脚长椅子，呈现乘坐时的惊喜

推出影集、参演电影，日益活跃，此外还被"任职"为和歌山电铁的社长代理等（2015年7月死亡）。

通过种种晋升、推出小玉电车车辆以及猫型的新车站建筑，以作为对小玉猫努力工作的褒奖。靠着这种用猫作为站长的大胆创意加上对于能够勾起人们共鸣的故事的持续发布，贵志川线不断吸引着游客的前来，而其幕后策划者就是冈山县的两备控股集团的会长——小嶋光信。

两备控股集团将行驶于贵志川线路的和歌山电铁纳入集团公司，小嶋光信会长还担任了该子公司的社长。小嶋光信会长之前还参与了两家公交车公司、五家出租车公司、两家旅客船公司等多家交通设施公司的改造工作，正是他的加入让很多地方铁道幸运地没有废弃。

"首都圈的大铁道线和地方铁道线的决定性差距，就是首都圈的铁道必须拥有能在短时间内运送更

多乘客的效率性。而地方线路本来乘客就很少。所以，让大家感到愉悦才是更重要的。'怎样才能让不怎么乘坐列车的人们也能产生乘坐的欲望？'这一问题就是我们构思的出发点。"（小嶋光信）

说起交通工具的设计，人们往往会更注意其外观。贵志川线的内部装潢很有特点。我们既可以体验到地板用了奈良的纯质材料等大量木材的"草莓电车"，也能走进用展示模型、密封售卖机、布制玩偶等布置车内的"玩具店车"世界重温童趣，小玉电车内则采用了猫脚形状的椅子脚等，这些都是使乘客在乘坐过程中感到愉快的内部装饰。毕竟，只包装了外部的列车很难勾起人们多次乘坐的欲望，更无法吸引当地顾客。

"惯常进行列车设计所采用的不易弄脏的无机材料制成的长凳式椅子和能够相对而坐的包厢式椅子，是注重效率的内部装修。而我

们的内部装饰是要让乘客觉得这样的列车值得一坐。"（小嶋光信）

不顾效率也要让乘客想再次乘坐，反映这种意图的内部装潢就是款待服务型设计。招募幼儿园的儿童在"草莓车内采摘草莓"等，大力推行只有在此处才能体验到的活动，让乘客享受乘坐时间的愿望逐渐催生出各种别具特色的活动。

贵志川线3辆列车的设计者就是水户冈锐治。因为草莓是当地的特产，而在座椅上镶嵌了草莓图案，这辆以当地土特产冠名的列车使人们想起了早已被遗忘的铁道的存在。

内部装修不能考虑效率

现在，水户冈氏担任两备集团的设计顾问。两者的邂逅促成了两备控股集团的联合公司、冈山电气轨道的路面电车"MOMO"和"KURO"的诞生。响应建造21世纪电车而诞生于2002年的"MOMO"，和因旧车辆改造而诞生的怀旧的"KURO"，都是由水户冈设计的。"MOMO"车内采用了木制椅子。"KURO"的座椅用的是奈良的木材、吊环用的是真皮。这正是为了实现小嶋会长不考虑效率，只想建

组织幼儿园小朋友的活动——"草莓车内摘草莓"，将种植和歌山县特产草莓的盆置放车内。和歌山电铁，一年当中举办90多项活动

造当地人们想乘坐的列车的初衷。

　　小嶋会长强调一切从使用者的角度出发，内部装修和座椅呈现了前所未有的崭新的内部装潢。"用传统的概念制造，不可能制造出打动人心的东西。与其考虑效率，还不如把重心落于打造地方特有的价值。当然，在苹果的产地，行驶草莓电车，就不能引起人们的共鸣，所以发现当地的独特价值尤其重要。同时又用设计将其付诸实际形式。"（小嶋会长）

1 2 两备集团冈山电气轨道运行于冈山市内的有轨电车。"MOMO"的内部装饰为白色座位，采用了木材

3 4 "KURO"的座位用的是奈良的木材、吊环用的是真皮，2004年改造的车辆。这些都是由水户冈锐治设计的

据说两备集团的经营理念就是意为"由衷的关怀与体贴"的"忠恕"二字。支撑两备集团为设计大量投入的，正是他们一心建造顾客想要乘坐的列车，以实现对乘客的款待的服务理念。

海上七星号项目/两备集团

总额40亿日元（约2 400万元），能建造出"浮岛式船"吗？

**两备集团和水户冈锐治
所想的"浮岛式船"，即豪华客轮，
会实现吗？**

冈山的两备集团，于2015年4月发表了"海上七星号项目"。这个计划就是多恩设计所的水户冈锐治代表提出的，客轮巡游濑户内海、九州和冲绳等海面的构想。

两备集团的小嶋光信会长说，这一计划得以实现的契机就是水户冈设计的"七星号in九州"。"这是考虑了很久、即将要放弃的构想。集团内认为，虽有航线，但是燃料费过于昂贵，海上交通状况严峻。然而水户冈设计的"七星号in九州"，挖掘出了不是从A点到B点的移动，而是享受在交通工具上度过的时光这一新的价值。开启了建造拥有32到40间的套间的豪华客轮的可能性。"（小嶋光信）

海上七星号停靠在日本各地历史悠久的港口城市，乘客能够体验到各地的饮食文化。在濑户内海设立母港，寒冷的季节巡游九州和冲绳等地，随着季节的变化，再移动到内陆地区。

船体设计方面，"最上层的甲板上生长着茂密的树木，俯瞰犹如海上漂浮着植被茂密的岛。船停靠在码头时，乘客可以换乘公交车到市区逛街游玩，而当地的小孩子们则可上船玩耍，享受充满美食的露天游艺场。"（水户冈氏）

AROUND THE JAPAN
JAPAN LINER
RYOBI HOLDINGS

DESIGNED by DON DESIGN ASSOCIATES

两备集团发表的"海之七星号项目"。两备集团的设计顾问、多恩设计研究所的水户冈锐治代表，联想海上漂浮的岛而设计的。规定人数为80人，设置32—40个套间，建造费用预计为40亿日元

　　船相较于其他交通工具的缺点是速度慢。但是海上七星号以慢速行驶作为它的宗旨。12节（约22 km/h）的船速让人能在船上尽享悠闲的慢生活。

　　小嶋会长对这艘船满怀希望："计划到2020年的东京奥运会和残疾人奥运会前建成"，但是不能肯定，尚无明确的答案。然而，他认为"在将其作为商业用途来摸索的过程中，我们已克服了各种障碍。轻而易举就能实现的梦想都不会是什么了不起的事情，而我们现在正体验着挑战未知的乐趣。"

转亏为盈的地方特色铁道

【我们需要能调动旅客乘坐欲望的设计。】

两备控股集团会长

小嶋光信

日经设计（以下称为 ND）：列车的设计应该起到什么样的作用？

小嶋： 内部和外部的装修，以及颜色这些车辆的外观本身不是设计目的，让经营目的能够从此中呈现，这才是目的。从让人感受到21世纪最尖端的公共交通为目标而建造的LRT"MOMO"是以移动城市中心地带为目的的。与"MOMO"一样颇具人气的是其后出现的"KURO"，它是利用50多年以来一直在运营中的东武日光线的车辆而造成的。比对最尖端的列车和50多年前的列车，若能突出各自的魅力，便能共同体现出交通工具的进化历程。

创造概念是订货方的职责，不能全靠设计者，而充分地表现概念则是设计者的工作。如果是在没有概念的情况下要求设计者设计，那还是让设计者做社长好了。

ND：什么是只有地方才有的设计？

小嶋： 例如，即使将都市的通勤列车装饰一新，人们也不会为此感到高兴。从大的铁道公司的角度看"草莓电车"和"小玉电车"，会认为应该拆除这些椅子还能多坐2~3人。但是我们的概念不同。东京、大阪等地的列车以装载效率为优先，而地方铁道原本没多少人乘坐，所以首先要让顾客产生乘车的意愿，这就需要调动人们乘坐列车欲望的设计。

小嶋光信（KojimaMitsunobu），1945年出生于东京。庆应义塾中学、高中、大学经济系毕业。1968年就职于三井银行（现在的三井住友银行）。1973年成为两备集团的两备运输常务董事，并成功地完成了该公司的重建工作。2007年就任两备控股集团公司的社长一职。2011年开始就任两备控股集团会长。两备集团52家公司的代表兼CEO、还兼任和歌山电铁等25家公司的社长

让人们知道、想要乘坐，并且能居住在铁道沿线，这是和歌山电铁追求的目标。为了让人们知道这一列车，铁道公司与水户冈商量后决定用当地的特产草莓来命名列车。而日语中，"草莓"的发音恰与"一期一会"的"一期"相似，又同时包含了款待的意味。

蓝色和深灰色成为车辆的外部装潢颜色，而内部装修中地板全部用了木材，座椅用了水户冈设计的草莓图案，令乘客感到欢欣雀跃。内外装潢相互协调，让人喜爱。

ND：硬件之外，为什么还需要宣传活动等软件支撑呢？

小嶋： 因为单靠列车的内外装潢很难多年吸引顾客。JR九州的"玩儿起来"和"SL人吉"列车，可以并行玩划拳。这样的活动，为小孩子们留下了美好的回忆。软件也要符合外部装潢的风格和列车主题，通勤列车上玩划拳自然是不可以的，但和歌山电铁一年当中能举行100次以上的宣传文化活动，并且这些活动都与各列车主题相关。草莓电车内，孩子们可以采摘草莓，这样的与车一体化的活动使列车更有魅力。

ND：据说在草莓电车上进行过募捐活动，这是怎么做的呢？

小嶋： 我们并没有用"这样下去乘客逐渐减少，列车也会消失"这种危言耸听的话。为了要让大家都把它当作自己的事情，因此提出了"制造以草莓为主题的电车，捐款时规定1 000日元算一份，捐10份者的名字将刻在列车上"这样的方案。这样做既能收到来自全国各地的募捐，而募捐者为了看一眼自己的名字是否刻在列车上也会亲自来坐列车。花 0 日元的宣传费，得到了 6 000 名支持者。原来草莓电车运营方的目标是每年下滑乘客数由 5% 减少到 2%，结果今年乘客人数由原来的 192 万猛增到了 227 万人。

　　募捐方法决定其效果，当然这也与列车本身的价值有关。销售额增加了便又可以建造新的车辆。设计往往能创造出持续 10 年、20 年的价值。

ND：怎样才能改变地方铁道亏损状况？

小嶋：南海铁道时代我们每年亏损 5 亿日元，现在控制在大约 8 000 万日元。地方铁道即使使尽了浑身解数，还是不能避免每年 8 000 万日元的亏损。需求少很难成就商业。基础设施的建造是公家的事情，地方应具备什么样的交通工具也应该是由政府来考量定夺。同样是公共交通工具的公交车，如果考虑成本，公共汽车公司是不可能修建自己的道路的。

　　在对于是否保留铁道的判断中，最重要的标准就是，在早晚的客流高峰期，公交车是否能疏散乘客这一点。电车具有公交车和汽车所不具备的高速移动和准时性等优势。如果没有了铁道，交通上的弱势群体该怎么办，这将成为问题。

　　此外，铁道轨道的可视状态也是其优势所在。轨道使人能一目了然：哦，该街区运行着列车。所以，列车对于地方的发展也可以很重要。

第**3**章

款待型列车层出不穷

豪华观光列车的陆续出现！！

2017 年，日本东西两端又出现了新的豪华旅游列车。它们是 JR 东日本的"火车套间四季岛"号和 JR 西日本的"黎明急行列车瑞风"号。瞄准访日观光客，观光列车市场将进一步引人注目。

火车套间四季岛号。列车内外装潢设计都由奥山清行氏完成

火车套间（ Train Suite ）四季岛 / JR 东日本

奢华全景——非日常空间体验

JR 九州 从 2015年3月 期 内，5期连续增收，2期连续增益，而且实现了过去最大的收益。目睹了以观光为列车主营的 JR 九州的成功，其他 JR 公司也纷纷效仿，积极发展观光列车。东日本旅客铁路（JR 东日本），将在2017年春开始运行主打火车套间（ Train Suite ）的四季岛

列车。该列车的设计者和制造者是奥山清行氏。这一列车不仅在东日本行驶，还计划周游北海道等地，实现跨越地域的合作运营计划。

关键词是开阔感

在 JR 东日本，很有人气的观光列车包括自2014年10月开始运

四周用透明玻璃围起来的眺望区

（116—121页的插图是由JR东日本提供）

休息区。列车的出入口附近的高低落差较大

包间在没有落差的平地上

餐厅区在较高的区域
安装了玻璃窗户，以
增加开阔感

行的全席餐车式的专门提供东北菜肴的"东北情感号"和2015年4月投产的蒸汽机车"C58"牵引的"SL银河"号等。此中呈现出顾客服务的新形式，也是对"以乘坐为目的"的铁路价值的进一步追求。

四季岛列车这种设计的要点就是从未有过的"高度"和"开阔感"。"享受时间和空间变化的列车"由包含观光区的2辆动力车牵头，此外还包括休息室车1辆、厨房车1辆、豪华房间车1辆、套间车5辆，共10辆车组成。

列车两端的车头设置观光区，这里的窗户到车棚都是用玻璃做成的。在这里不仅能体验到大自然的壮丽和开阔感，还能体验到昼夜不同氛围中的全景风貌。

休息室区域，因高低层设计而更显宽敞的大厅迎接着乘客的到来。用像酒店一样的服务，使乘客感受到日常无法拥有的体验，可以说是令人兴高采烈的设计。

作为有机组成部分的窗户也在呈现特殊空间时起到关键作用。

将休息室和厨房的窗户设在高处，就能带来比实际高度更为开阔的感觉。在有限的车内空间里，营造更宽敞舒适的空间，这本身就是一种服务的价值。

花费一年半的时间培养人才

不仅是列车，JR东日本还在上野车站内新设了火车套间（Train Suite）四季岛列车的专用休息室"开端四季岛"。出发时可办理乘车手续和手提行李的寄存，上野站的各种其他服务、从出发地前往上野站其间的交通服务、上野站内的行李搬运等列车以外的各种附加服务，让旅途的各个环节都充满周到的服务。为了不让顾客失望，用细致入微的服务提高顾客的满意度，这便是JR东日本的目标。

为了提供这样款待性的服务，公司集团的别府（びゅう）流动服务，花费一年半的时间开始了对大约10名列车员的培训，培养精通英语和亚

在上野站设置的专用休息区"序曲四季岛"

洲各国语言的工作人员，以更好服务于目标人群：外国富有的旅游者。

加强与地方的通力合作

为了留住旅游列车带来的富有的观光客人，地方政府已经开始行动了。这个列车的运行路线尚未确定，却已有松本市等推荐运营包括中央东线在内的路线。这样的旅游列车，不仅提供车内的服务，也需要给出配套的下车后观光路线和向导服务。怎样顺着四季岛提供的服务和主题性，为富裕层提供合适的观光规划是地方成功的关键所在。

以秩父为主题的观光列车 / 西武铁道
从首都圈引向非日常空间

　　西武铁路于2016年春天开始运行的观光列车中，设计以沿线少有的观光地——琦玉县的"秩父"为素材，改造车辆。现在，正在改装的是在该路线的饭能站到西武秩父站间行驶的4 000型列车。这次改造大大改变了之前通勤列车和特快列车给人的印象，从而达到了非日常感的实现。

应对婚宴仪式等

　　列车在外观上表现出流淌在秩父的荒川河流，内部装饰用了传统工艺品和当地产的木材。在所有座席上乘客都能享受美食，也能欣赏到从乘车车站到下车车站间的风景。行驶于东京、琦玉等首都圈地区的观光列车同样以提供愉悦的乘车体验和美味的食物，让乘客优雅地度过时光为最终目标。车内除了

有演奏会和电影放映以外，还备有举办婚宴仪式用的特殊空间等，能应对各种需求的包场活动。

　　行驶区间是，该路线从池袋站到西武秩父站、西武新宿站到西武秩父站、西武新宿站到本川越站之间。作为临时列车，以周末和节假日为主要运营日，一年当中运行100天。车辆由4节车厢组成，1号车厢内设置多功能空间，2号车和4号车是各有26个座席的开放式餐厅，3号车为开放式厨房。

　　项目的综合规划者是企划公司NKB，车辆的外部装潢和内部装潢由东京大学教授、隈研吾建筑都市设计事务所的隈研吾氏负责。其他象征标志类商品等的设计由有限公司火焰（FLAME）的古平正义氏负责，命名和宣传语则出自谷山广告的谷山雅计氏。

上图为开放式厨房的印象图，特别注重照明效果。下面的两张图都是开放式餐厅车，各设有 26 个座位（均为正在计划中的列车）

（123—124 页的插图是由西武铁道提供）

作为建筑师，想创造出让人心情舒畅的空间

日经设计（以下简称为，ND）：为什么您会着手设计列车呢？

隈：说实在的，我一直以来都想设计列车来着。从孩提时候就对列车感兴趣。上幼稚园的时候经常坐东京的东横线，那时候就只乘坐自己喜欢的车厢（笑）。因为本来就喜爱列车，又是一个建筑师，得到设计列车的委托后真是欢喜雀跃，非常兴奋。

列车的设计是属于制造设计的范畴，一般不会委托建筑师。确实列车的外部装潢是制造设计师担当的事情，不过列车内部空间，则更适合于建筑师来设计。

这是观光列车的外观印象图。与左边的现代式的特急列车明显不同，该列车是手工涂漆的（这是正在计划中的列车）

从建筑师的视角看，列车内能让人感到舒畅的空间非常之少。所以这次想把车内空间设计成漂亮而又令人心情舒畅的空间。

ND：这次的主题是琦玉县的"秩父"，您是从哪一部分开始参与这个工作的呢？

隈：这次的开发，从"秩父"的概念制订开始进行的，首先制作了概念图。由于是从最初的阶段开始参与，所以感到非常有趣。

因为我是建筑师，所以作为材料和细节的专家，会更多考虑使用那些一般列车上不能用的、柔软而温和的材料。

ND：您考虑过水户冈氏的设计吗？

隈：当然，作为建筑师一定重视对于光的利用，也就是说都会关注空间被什么样的光所支配，即"光的构造"。想以这样的光的构造为视角设计列车，就是为了想展现与制

造人员不一样的一面（笑）。

比如说，我想设计出光线从天棚的材料缝隙中柔和地投射进来的效果。对于建筑师来说，材料和光是不可分割的，我想把这点表现在列车这样有限的空间中。所以在照明这一问题上绞尽了脑汁。

从开放式厨房的车辆概念图中可以看到，并非整个厨房都被照得通亮，灯光只是照亮了柜台。这类挑战是在列车设计中前所未有的。

另外，比建筑基本法严厉几倍的法律也令我们苦不堪言。即使想利用当地的材料，但也很难消除这类限制带来的局限性。这时只有执着地寻找所需材料。

ND：如果其他公司也邀请您设计的话？

隈：那一定要尝试一下（笑）。

"因为列车内部是纯粹的空间，所以更适合由建筑师来设计"

隈研吾 （くまけんご，Kuma Kengo）1954 年出生，建筑师、东京大学教授。主持隈研吾建筑都市设计事务所，曾获得过各种奖项。（图片由丸毛透提供）

* 采访内容是 2015 年 7 月份的。

1 神田川沿岸并排着砖砌成的漂亮的拱形 "mAAch ecute 神田万世桥"。沿着河岸设置了木制的 "亲水连廊"

mAAch ecute神田万世桥/JR东日本站内零售商场

沉浸在历史氛围中的商业空间

与列车斩也斩不断联系的就是"车站"。
车站的设计也不是只关注运输效率，
也开始导入款待的服务要素了。

（127—131页的图片由西田香织提供）

2013年9月4日，在东京千代田区神田须田町，"mAAch ecute神田万世桥"站内零售商场开张了。在红砖砌成的并排拱形门作为桥座的高架之下，开出了各种咖啡馆、红酒馆等各类商铺11家。并排着的桥拱是在100年前的明治时代建造的，颇有沉淀气息。这里曾是中央本线的终点站"万世桥站"所在地，而mAAch ecute神田万世桥则能让顾客体验到历史文化与商业气息交织的独特魅力。

暗藏豪华感的砖块砌成的拱形

万世桥站于1912年开始投入使用。这一高架车站依靠当时最新的

❷ 过去的站台上架起了安装玻璃的天棚，中央线快速电车在其两侧驶过。眼前的空地，过去是中央本线长途列车的始发站台。之后被闲置不再使用

技术建造而成，后来设计东京车站的建筑师辰野金吾和葛西万司便是这座壮丽的红砖建筑的设计师。当时的须田町是与上野等并列的东京仅有的几条繁华街道，站前的须田町交叉路口汇集着来自各个方向的地面电车的终点站，人员流动量非常之大。

然而，1919年中央本线延伸至东京站。万世桥车站后于1923年发生的关东大地震引发的火灾中被烧毁。1925年重建后，须田町交叉路口被转移了位置，站前大路口成为小胡同，走动的人流也因此大量减少。1936年建成铁路博物馆（后来的交通博物馆）后，车站面积更是大幅缩小。1943年车站停止了经营。常年被人们所熟悉的博物馆又于2006年挪至埼玉市，旧万世桥站由此进入无声息的休眠期。

神田川对面是"南走廊"。一排 **3**
残存的砖砌成拱形。每个拱形
都是独立的，作为商店有效地
利用了其内部有限的空间

"2013 站台"上的眺望台。重
新修整了万世桥站开业时建造
的站台部分。柱子上挂着蓝底
白字，写着"**まんせいばし**"。
这也是当时的标识牌的复原。
里面的玻璃门处就是"1935 台
阶" **4**

5 "1912 台阶"是 1912 年的万世桥站开业时建造的台阶。铁道博物馆(后来的交通博物馆)开馆后,作为车站台阶的功能让给了 1935 台阶。台阶用的是厚重的花岗岩和稻田石头。相隔 70 年向大众开放

6 传播"享誉世界的日本价值"的"图书馆"。除了展示万世桥站的立体模型和利用苹果平板电脑的公开"万世桥年代史"等数字信息外,还销售万世桥和周边地区有关的书籍和产品

2F

2013 プラットホーム
2013 Platform

U1
N3331

EV

1912 階段
1912 stairs

1935 階段
1935 stairs

神田川
Kanda River

オープンデッキ
Open Deck

オープンデッキ
Open Deck

万世橋
ポーチ
Manseibashi
Porch

N11　N10　N9 フクモリ　N8 LIBRARY　N7　N6　N5　N4 炸マイ　N3　N2 haluta

N1
常陸野
ブルーイング・
ラボ

1F

S9 駿河屋賀兵衛　S8 #51　S7　S6 プロジェクションウォール　S5 NOAKE TOKYO　S4 OBSCURA COFFEE ROASTERS　S3 ホーフベッカライエーデッガー・タックス　S2 VINOSITY domi　S1

1912 階段
1912 stairs

1935 階段
1935 stairs

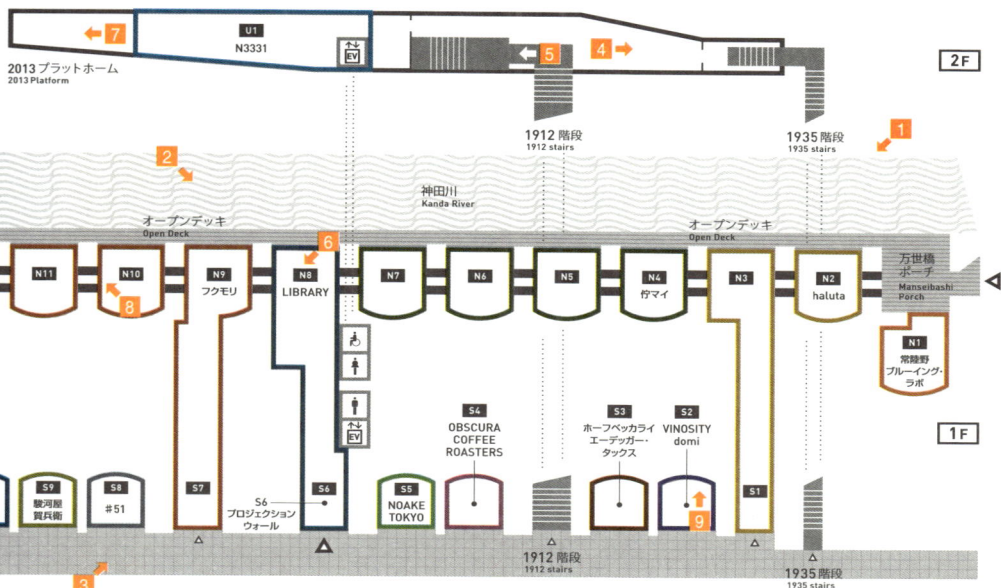

mAAch ecute 神田万世桥的内部结构图。原来是土木结构的建筑，"上 2 楼时必须先走出去一趟"等，作为一个建筑物有很多奇妙的地方，这也是该建筑的有趣之处

7 从"2013 站台"上的咖啡屋"N3331"里也能近距离看到往返的中央线电车。经营的是在神田搞了 10 年的"艺术规划项目"的"命令 N"。作为展览和活动空间使用。 8 咖啡馆兼定食馆"フクモリ"。充分利用神田川沿岸的拱形上安装的巨大玻璃的采光，店内摆放着古董和现代的组合家具。提供山形县 3 家旅馆的和食手艺和使用山形县产食材的料理和酒。 9 南走廊里的红酒店"VINOSITY domi"。它是神田的红酒居酒屋"VINOSITY"经营的店铺，能在柜台处站着试喝。南走廊内的拱形是高架桥的装饰，虽然内部空间很小，但是也作为店铺被有效利用

mAAch ecute神田万世桥的出现则让这样的历史遗迹得到了重生，可谓是激活历史遗迹的魅力的商业设施。例如，万世桥站开业时造的"1912台阶"，这些台阶都是用切削厚重的花岗岩做的，象征着旧万世桥站的初运营年份。对墙壁上粘贴的瓷砖也用了高级的加工工艺。后于1935年建造的"1935台阶"也由于该车站的停业而停止开放。 mAAch ecute开业后，这些尘封了70年的台阶重新得到开放。

走过上面提到的两个台阶，就看到"2013月台"。虽然车站已经停止使用，但是重新修整了留存下来的月台，并设置了展望台和咖啡吧。从其中贴近月台的车窗能近距离体验经过两侧的中央线快速列车的奔驰快感。在这里可随处看到具有历史价值的遗迹。

这一车站整体再开发理念是"万世桥站沙龙"。车站不仅与学生街、古书店街神保町距离较近，坐拥交通要道少有的繁华街时代文化艺术汇集的别样风味，周围幸免于战火的老店铺也是文化人和名人经常光顾的地方，这些都让其充当新的文化沙龙成为可能。运营设施的JR东日本零售业社长三井刚说："就像当时那样，提供一个文化、信息和知识交集的、人们得以相互交流的沙龙一样的地方。"

重新复苏人们交谈的场所

三井社长说："称作南回廊的南侧区域内，遗址的砖砌拱形沿着街道排成一列，红酒、咖啡、花等，崇尚生活品质和趣味情调的7家商店并排迎客。红酒店采用神田一带的站着品酒的方式，以方便人们进入互相交谈的模式，各种嗜好品都将成为该沙龙谈论的话题中心。"

另一方面，对着神田川的北回廊

中也充分利用拱形并排的遗址空间，在咖啡店和内部商店外，又开设了"图书馆"这样的空间。让公共空间作为交通要道繁荣起来，并传播大众文化，同时书写自身作为大众文化一部分的历史。图书馆除销售万世桥和周边地区有关的书籍和产品以外，还放置柜台和桌子，其上摆放了苹果平板电脑（ipad），播放着"万世桥年代史"。当然，这里也可为聚集的人们提供互相交谈的场所。

北回廊和南回廊之间用三条通道相连接，其他地方都是死角无法利用。设施自身的面积虽然较广，作为商业空间能够利用的就只有两侧靠墙的地方和过道这样的有限的空间。由于原本是土木构造物，为了支撑上面的线路，中间部分塞满了泥土。

而如果用现在的技术重新建造的话，高架下面也可以腾出更宽敞的空间。三井社长说："通过遗迹的再建，能呈现只更新店铺所不可能实现的令人心情舒畅的空间。""砖和瓷砖的好处，就是这类东西已经从我们日常生活中消失殆尽，所以才能产生怀旧的共鸣。"（三井社长）

三井社长认为，这个设施的内在价值就是呈现"日常中的非日常"。

迈上明治时代的厚重的台阶，就能感受到此地悠长的历史和漫漫岁月中的蜕变。登上展望台，平时看到的电车就在眼前疾驰而过，然而这又是平常看不到电车的样子。新建的神田万世桥站便是这样一个"历史、街道、建筑、铁路联成一体的地方"（三井社长）。

与乘上豪华列车去往远方的非日常体验不同，在东京的正中间，就在日常旁边，人们就能感受到触手可及的非日常体验，而mAAch ecute神田万世桥就是提供这种非正常体验的场所。

第 **4** 章

全国观光列车图鉴

(136—141页的插图由JR东日本提供)

TOHOKU EMOTION（东北情感）/ JR东日本
用美食扩大东北的粉丝量

豪华观光列车以外，
日本全国各地相继出现了各式观光列车。
下面主要介绍深受各方喜爱的部分代表性观光列车。

八戸

久慈

東北エモーション

列车主体是由柴油车改造而成。外面是抛光处理的，是由奥山清行氏设计。入口处挂着菜谱，还挂着灯笼，这也是非日常世界的入口。制造者是TRANSIT GENERAL OFFICE

2013年10月19日，JR东日本八户线上出现了以"设计、食物、艺术、观赏景色"为理念的新型列车。这款新型列车共3个车厢，1号车厢是供顾客休息专用的，2号车厢为专用厨房空间，3号车厢为开放式餐厅。这是一列以2号厨房空间为中心的餐厅式列车，主要在周末和节假日往返于青森县的八户车站和岩手县的久慈车站之间。这一列车不仅仅是交通工具，列车之行本身也可视作旅行体验。这一列车推出的初衷是为了将首都圈的观光客吸引到东

1号车是顾客专用车（1室4人，定员为28人）、2号车是厨房车，3号车是开放式餐厅车（能容纳20人），由3辆车组成。内部装潢由INTENTIONALLIES的郑秀和氏设计

北地区，支援当地的地震后重建事业，进而复苏和活跃地方文化。

东日本旅客铁道事业本部运输车辆部科长、战略项目负责人田中壮一说："20世纪80年代至90年代的观光列车针对的是团体游客，主要以座席为主"。然而，在旅行模式逐渐转化为以个人游客为主的新

时期，观光列车也与时俱进地进行了改进。东北情感号列车便是这种更迭中出现的新模式。

首都圈内无法获得的美食体验

"东北情感号"的目标人群是热衷于观光旅游的30岁至50岁的工薪阶层女性乘客。她们对食物的要求很高，所以列车上的服务绝不能忽

TYCOON GRAPHICS 的铃木直之氏设计的东北情感号的标志。印章形状的标志，其一部分显得模糊。过去的铁道经常用这样的印章，现在的观光地也用它，这给人们平添一点旅行的期待

刊登 KOBIRI(长谷部直美氏等)设计的观光地图——"东北情感发现图"的旅行手册。用图画传递东北魅力

视食物方面的服务。然而，只提供味道好的食物不能全面体现观光列车的魅力。考虑到东京布满了以美食著称的各式餐厅，因此雇用了在东京都无法预约到的餐厅的高级厨师，充分使用当地特色食材做料理，提供"首都圈内无法获得的美食体验"（战略项目负责人田中），这便构成了东北观光列车的独特魅力。

在列车中乘客可以感受原创料理的味道。"为了让专用厨房空间也成为乘客能参与其中的娱乐方式"（田中），列车推出了在乘客面前展示各种料理的制作过程的环节，不仅使他们能够尽享美味，也能同时在视觉和听觉上收获无比的快乐。

注重体验的设计

"东北情感号"并非卧铺列车

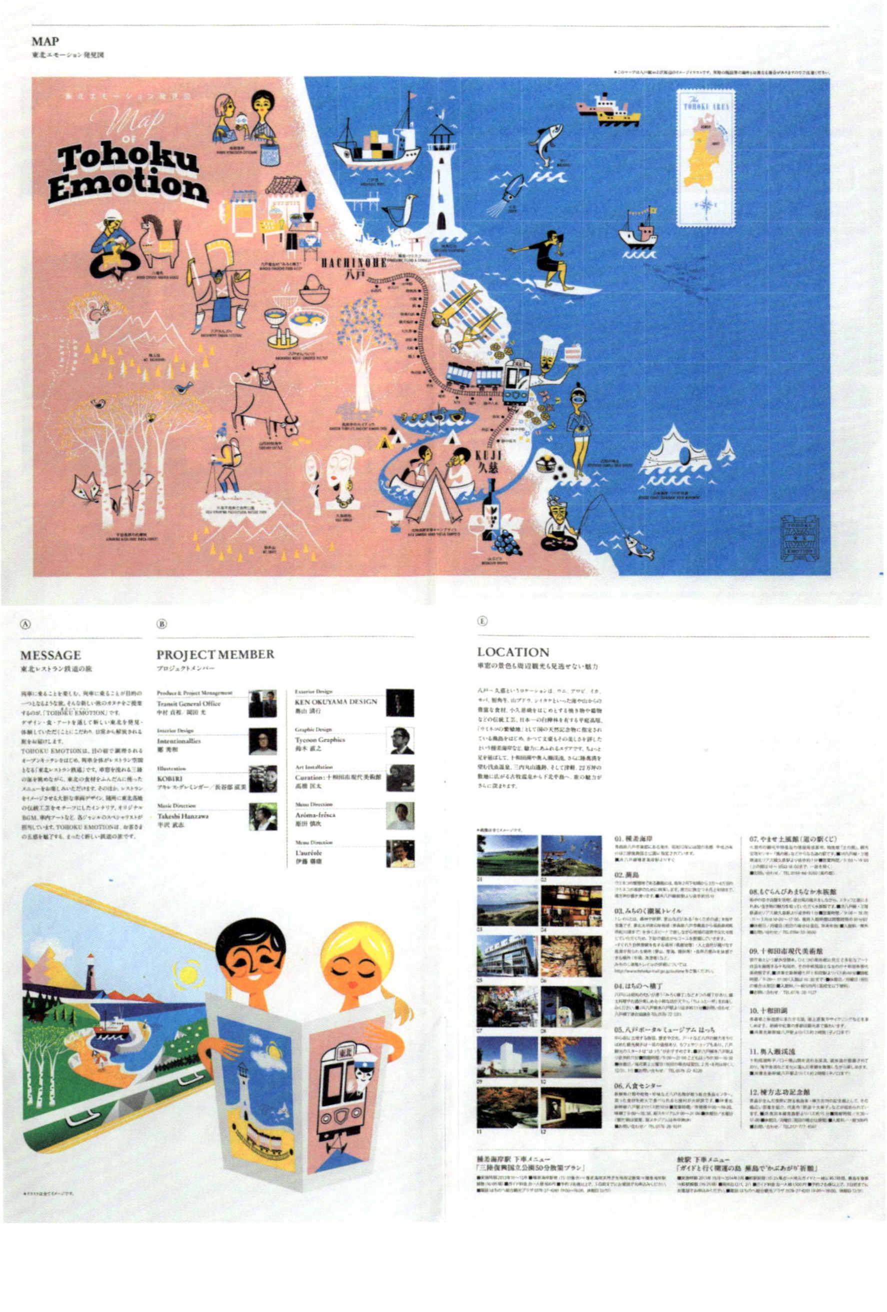

MAP
東北エモーション 発見図
Map of Tohoku Emotion
HACHINOHE
八戸
KUJI
久慈
MESSAGE
東北レストラン鉄道の旅
PROJECT MEMBER
プロジェクトメンバー
Produce & Project Management
Transit General Office
Interior Design
Intentionallies
Illustration
KOBIRI
Music Direction
Takeshi Hanzawa
Exterior Design
KEN OKUYAMA DESIGN
Graphic Design
Tycoon Graphics
Art Installation
Curation：十和田市現代美術館
Menu Direction
Aróma-frésca
Menu Direction
L'auréole
LOCATION
車窓の景色も周辺観光も見逃せない魅力
01. 種差海岸
02. 蕪島
03. みちのく潮風トレイル
04. はちのへ横丁
05. 八戸ポータルミュージアム はっち
06. 八食センター
07. やませ土風館（道の駅くじ）
08. もぐらんぴあまちなか水族館
09. 十和田市現代美術館
10. 十和田湖
11. 奥入瀬渓流
12. 棟方志功記念館

或长途列车，却有专用厨房空间和独立的客房设计，这在日本是罕见的。列车上的桌椅也并非普通列车中的简单桌椅，让乘客仿佛置身于餐厅中的独特氛围中，可以享受各种美食。

虽然美食很重要，但只有美食还是不够的。战略项目负责人田中希望原本乘坐一次的客人，能一而再再而三地光临，而东北列车则能成为他们"继续感受东北地区魅力的契机"。为了达到这一目的，列车中的装饰随处表现着东北地区的特色。如在1号车的墙壁上挂着福岛县特产的"祢布织物"，2号车的柜台墙面是岩手县特产的"南部铁"，3号车的照明道具使用岩手县特产的"琥珀"，随处可见东北地区的各种传统工艺和素材。

除了可以看得见的各种设计之外，"体验的设计"也是重头戏。八户沿线虽然离海岸不远，但并非都靠海而行。在经过海边或风景优美的地区时列车会缓慢行驶让乘客尽情感受美景。由掌控列车速度的调度人员、列车司机、制作料理的厨师，以及服务人员齐心协力，共同实现了这一既能观赏窗外美景，又不耽误享受美食的旅行项目。

驶向童话王国的列车

东北情感号列车项目还将这一体验作为设计理念的想法延伸到了整个铁路安全运行的方方面面。通常情况下，为保障列车的安全行驶，会以运行质量为基础进行非常严格的管理。东北情感号列车则采取了更加严格的"运行质量"考核。考虑到"列车的摇晃会影响车内空间的舒适度"（田中），因此就这一点反复多次进行了试运行。在试运行中，一旦检测到乘坐的时候造成不适的地方，便会进行线路的重修。田中对此解释道："为了让乘客拥有非日常体验的享受，（我们）挑战了能够做到的极限"。

这一非日常体验的旅行始于从八户站上车的那一刻。担任外部设计的奥山清行说："犹如乘坐驶向童话王国的列车，演绎出了非日常的体验。"

为了让列车外观上具有"行驶的餐厅"的模样，使用了视觉上犹如砖瓦砌成的墙壁装饰。奥山称："装饰中尽力表现出使用了真正的砖瓦的感觉"，让表现每一块砖的矩形图案的黑色四角线相错并画出灰色的图案，这样就会出现非常立体的视觉效果，实现让乘客感觉离开了"一直以来的日常生活，仿佛进入到漫画的世界"般的逼真体验。

直接感受东北的魅力

东北情感号列车的最终目标是让大家充分感受东北的魅力，频繁地去往东北地区，增加东北地区的粉丝。列车项目的策划方希望乘客不仅享受列车中提供的各种服务，还能亲自到东北各地走一走，看一看，感受那里的风土人情。为此，担任车内美术设计的阿吉列斯·古列明格和长谷部直美在菜单上绘制了"KOBIRI"的观光地图，期望通过图案表现出东北的魅力。

列车上的美食充分使用了地方特色的食材，但并不制作东北特色的家乡风味料理。例如，以久慈为背景的NHK连续剧《我是小甜甜》（日文中写作"あまちゃん"，读作Amaqiang）播出后，广为人知的"豆汁"就是当地一种具有乡土特色的食物。人们来到久慈一定会品尝一下电视剧中出现的特色"豆汁"。列车方也希望有此夙愿的人们，能乘坐这一列车到久慈的街道走一走，感受并融入到那片乡土人情中。

列车开始运行后，立刻大受欢迎，预订爆满，集聚了超高的人气。列车方为防止乘客们厌倦同一口味的料理，还会不定期更换厨师，让人们能持续感受到东北地区的无限魅力。

福袋式超值服务——带去惊喜的款待

日经设计师（以下简称为 ND）：在设计铁道时与其他制造的不同点在哪里？

奥山：交通机构分为个人运输和公共运输系统。个人运输系统中具有代表性的是汽车行业，公共运输系统中最具代表性的是铁道行业。

二者最大的区别在于，顾客直接花钱购买汽车，因此其内外配置能让顾客直观感受到即可。而铁道是由一些公司经营的，为顾客提供服务是其主要运营模式。为运营公司提供道具则是设计师和车辆制造商的工作。因此铁道的设计往往经历二重构造。

个人运输系统中，只要向顾客咨询"您的需求是什么"即可轻松掌握对方的意愿。这种说法也许过于片面。但毋庸置疑的是，通过直接的询问和调查客人的品味和生活态度是易于掌握的。

而在公共运输系统中，甚至连运营公司的要求中也看不到客人的需求。车辆制造业的设计师和制造者率先考虑的是成本和技术的制约，运营公司首先考虑的则是销售量、维修成本和安全方面的因素。对客人的服务，就这样被淡忘。

但是对于顾客来说，这却是非常重要的部分。对此提出客观的方案，是我们作为设计师的使命。因此，我们一定要站在离顾客最近的地方，这也是设计师最大的乐趣所在。我们要在跟运营公司和制造商对话商谈的基础上，预测出顾客的需求，制造出超乎需求的作品。

即使铁路直接提供顾客所期待的东西，也不一定能让顾客满意，也无法吸引他们再回来。因

おくやま・きよゆき（Okuyama Kiyoyuki），1959年出生于山形市。历任美国通用汽车公司主任设计师、德国保时捷公司的前辈设计师、意大利宾法（Pininfarina）汽车设计公司设计总监、美国艺术中心设计学院（ArtCenter）交通工具设计系主任等。2007年开始就任KEN OKUYAMA DESIGN代表。2013年4月就任洋马（YANMAR）控股公司社外董事。

工业设计师
KEN OKUYAMA DESIGN代表

奥山清行

「如果是铁道，任何人都可能成为其主角，谁都可以将它视为自己的东西」

〔图片由行友重治提供〕

北陆新干线 E7 型列车的内部装潢。高级列车用的是碳纤维和钛等象征日本工业实力的材料，白色真皮与黑色的对比，激发旅行情绪的高涨的同时，衬托出非日常感

（146—150页的图片由JR东日本提供）

一等车厢（上）的外部也配像铜的金色、加贺友禅类型的、红漆等颜色，展现优雅高贵的气质。
普通车厢（下）也同样用友禅的绘图方法表现出明亮而令人愉悦的空间

因为北陆新干线的最高速度为260km/h,所以没有必要像速度320km/h的秋田新干线那样,将其车头加长,提高了造型的自由度。"想重新认识短车头的表现而设计的。乍一看很普通,但是为了使它显得更好看也下了不少功夫"(奥山氏)

此,在不经意间向顾客提供超出期待的服务才是款待,这也是设计师最大的喜悦。还有一点需要明确,从儿童到老人都会将公共交通设施当作自己的东西。小汽车,说到底是驾驶者的商品,如果没有驾驶证和钱就根本不能拥有自己的车。铁路则不同,如果小孩子买票上车了,那他就是主角了;老人边吃便当,边看窗外的景色一起旅行,于是他们都成了主角。谁都可以成为主角,谁都可以认为列车是自己的东西。设计时必须考虑这些才行。

ND:另一方面,铁路也是当地人们的东西,它具有地区的象征和让人自豪的一面。

奥山:铁路是地方性较强的东西,从北海道到鹿儿岛,中途一定会体验到不同的列车。从这一点上,列车是非常有效的地方文化的宣传手段。秋田新干线E6型"超级小町"采用的就是"坦率地表达秋田"的设计。新干线是凝聚了高科技的产物，虽其设计看似与地方文化无关，但1小时一趟的列车也是最好的连接东京和秋田的宣传媒介。

尽管如此，过去的新干线没怎么表现文化内容。在这种情况下，水户冈锐治在九州列车设计中的活跃，让我受到了"直接地表现地方的文化"的启发。"超级小町"的车身是暗红色，红色是日本文化，特别是在东北文化中，是非常象征性的颜色。苹果、樱桃等水果成熟了会变为红色，秋天的叶子也会变红。

我生长在山形县，每当太阳落山的时候，绿色的苹果和樱桃会随着光照变成红色。这些瞬间都有着强烈的意蕴，而红色也代表着生活丰富的意义。节日常用红色，秋田的祭神驱邪节和竿灯等都用红色，红色就是象征人们喜悦的颜色。我通过车身的颜色想坦率地表达这个意思。

北陆新干线E7型列车，最高速度仅为每小时260公里，所以提供除了速度以外的价值是更重要的，这就要考虑乘坐新干线所需要的款待服务。北陆新干线从东京出发，途经长野、金泽，成为连接京都和大阪的第一条铁路线。从东京的江户文化经过信州品味加贺文化以及京都文化后，到达大阪，再也没有比这更奢侈的旅行了。所以，在这一列车设计时就想着用列车来表现沿线的日本传统文化。外部车身用了象征加贺的九谷烧的白色，金色的线条表现的不是金，而是铜，也是表达加贺的工匠文化。天蓝色是北陆天空的蓝色。这样通过列车设计表现沿线的文化，以列车连接沿线的各地区，让旅客满怀对旅行的期待。我想这就是体现款待服务精神的设计。

*采访内容是2013年9月份的

秋田新干线 E6 型 "超级小町"（右上）。外观的红色，不是让人联想到意大利和体育赛车用的亮红色，而稍微弱一些。随着光线的强弱变化，有时甚至呈接近粉色的浅红色。与白色的 "飞云白" 中间加入了表现现代技术的白金色。一等车厢（左下）用墨黑色的真皮和鲜亮深蓝色的地毯营造出沉着平静的氛围。座位下方的灯光照射下的蓝色地毯犹如水面一般。据说这是想象田泽湖而设计的。普通车厢（右下）用的是秋天成熟的稻穗颜色，使空间变得更明亮

（图片由JR四国提供）

不容错过！
全国各地相继出现的观光列车

"伊予滩物语"JR四国

开始运营时间：2014年7月26日。

运行区间：松山—伊予大洲、松山—八幡浜。

特征：一边眺望伊予滩海景，一边身处怀旧气氛与现代感相交融的列车内，品尝四国特色料理

松山

下滩

伊予大洲

八幡浜

伊予滩ものがたり

"水果福岛"JR东日本

开始运行时间：2015年4月25日。
运行区间：郡山—会津若松。
特征：享受用水果王国——福岛
的水果制作的独创甜品的"移动
咖啡屋"

フルーティアふくしま

磐梯町　猪苗代
　　　　　　磐梯熱海
会津若松
　　　　　　郡山

　　　JR四国于2014年7月开发**"伊予滩物语"**时采用的关键词是"大海的魅力""宽松的时间""怀旧和现代""柑橘类"。乘客可以在接触到当地的生活、文化、历史的同时，品尝到以柑橘类为代表的当地物产。车辆深红的外观，令人联想到伊予滩一天中的高潮——夕阳西下时，"金黄色"为配色，表现太阳和柑橘的光辉。象征性标记是夕

（图片由JR东日本提供）

阳和橙子，整部列车表现了从"深红色"到"金黄色"的变迁。

列车内部装潢用了古典风的褐色树皮、西式沙发、象征和风建筑的窗户设计，呈现和洋协调的复古色调的整体设计。1号车"深红色的篇章"内设置了和式榻榻米座席等，更强调"和"的感觉。2号车"黄金篇章"内设置了吧台式的厨房，彰显更为洋气时髦的内部装潢。

福岛县盛产苹果、梨、桃、葡萄等各种水果。JR东日本的"水果福岛"列车上，你就能够品尝到使用当地水果制作的原创甜品和饮料，它也因此被称为"奔跑的咖啡馆"。车辆外观装饰有红瓦片或黑色石灰墙图案，又或展现明治大正时代的西方摩登的建筑形成的沿线独特街道等，列车行驶于田野间，呈现与大自然的和谐相触。另外，车辆设计中还运用了建筑外墙板中会使用的质感表现。

内部装饰是以明治大正时期的近代建筑和会津漆的质感呈现作为基本设计的。列车由两辆车组成，其中"咖啡柜台车辆"是全车辆长的大吧台，其两侧设置能自由使用的座席，提供丰富多彩的车厢内休闲方式。

（图片由JR东日本提供）

"越乃Shu∗Kura"JR东日本

开始运行时间：2014年5月2日。

运行区间：上越妙高—十日町（越乃Shu∗Kura）。上越妙高—越后汤泽（汤泽Shu∗Kura）、上越妙高—新潟（柳都Shu∗Kura）。

特征：以新潟"酒"为主题，提供当地的酒以外，还举办与酒有关的活动

越乃Shu ∗ Kura

新潟
東三条
長岡
宮内
柏崎
越後川口
直江津
十日町
六日町
上越妙高
越後湯沢

157

"新娘帘子号"JR西日本

开始运行时间：2015年10月。

运行区间：金泽—和仓温泉。

特征：使用当地的加贺友禅和轮岛漆器等图案，让人感受北陆地区的和与美的设计

"越乃Shu*Kura"(JR东日本)，是以地酒王国新潟引以为豪的"酒"为概念的列车。Shu表示"酒"，Kura表示"藏"，*表示"米·雪·花"。

车内除了提供新潟县内产的酒和当地食材制作的点心类以外，还提供爵士乐和古典音乐家的演奏，举办与酒有关的宣传活动。车辆外观采用传统的蓝黑(あいしたぐろ)"色，即蓝色、黑色、白色相

（图片由JR西日本提供）

调成的颜色，表现凛然的"新潟风土"。1号车设有"令人轻松愉悦的包厢""展望双人座席""舒适的双人座椅"3种类型的座椅，乘客可根据旅行的需要来使用。2号车是活动区，设置了酒桶形象的固定式桌子，这里可以进行演奏会或举办各种活动。

JR西日本于2015年10月在北陆地区开始运行昵称为"**新娘帘子号**"的观光列车。新娘帘子是嫁女

儿时父母期望女儿幸福而让女儿带走的嫁妆中的一种，这是加贺藩北陆地区流传的旧风俗。从这个昵称可以看出，新娘帘子号试图从车辆的整体上体现"北陆的和与美"。

例如，列车内通道的地面上铺了日本庭园中常见的踏脚石，半封闭式的座位上采用了石川县纤维协会选定的友禅绸系列。设计中采用轮岛漆器的图案装饰车内，而用独特的红色呈现车辆外观。

能登铁路的"能登里山里海号"是"享受能登的里山里海所形

（图片由能登铁道提供）

成的风景，品尝当地时令的味道，同时感受温暖和怀念的观光列车"。

车辆外观采用了表现质朴品质的"日本海蓝"色和深红色。内部装饰方面，大方使用了能登的传统工艺和天然素材，将传统工艺品摆放在各处，并专设了供乘客欣赏工艺品的画廊空间。

两辆车辆中"里山车辆"是以橘色为基调，"里海车辆"是以蓝色为基调。两车设置了面向七尾湾方向的包厢座位。这一在周末和节日运行的"舒适路线"，来往于七

"能登里山里海号"能登铁路

开始运行时间：2015年4月29日。
运行区间：七尾—穴水。
特征：欣赏能登里山里海的风景和享用时令美味，让人感到温暖和眷恋的观光列车。由株式会社COBO设计

161

"温泉足浴列车" JR东日本

开始运行时间：2014年7月19日。

运行区间：福岛—新庄。

特征：运行于山阳新干线的游览列车。车内设有榻榻米式座位、足浴池等，在列车内体验闲逛温泉街的气氛。由奥山清行设计

とれいゆつばさ

新庄

山形

米沢

福岛

（图片由JR东日本提供）

尾与穴水间的33.1公里，约花70分钟的行驶中，列车会在景点慢行或停车，供乘客赏玩。

JR东日本的**"温泉足浴列车"**是新干线最初的休闲旅游列车。车内设置了日式指定席，还设置了摆放有山形县产的地酒和红酒、饮料等的吧台，乘客更能边欣赏窗外美景，边享受足浴。坐上列车便开始了移动的温泉街之旅。外部装潢主要以山形县的象征"月山"为主题，用大气的圆弧表现出山的形态。车头则用了这一地区的另一个标志：最上川的蓝色。列车全身用雪白色覆盖，让人不禁联想到壮美的藏王山雪景。

日式的指定座位令人感到轻松舒适，出温泉足浴后，身旁的樱花木桌子、红花色的吧式柜台和铺石小路都能让人感受到浓浓的温泉氛

"旅行包列车"JR西日本

开始运行时间：2016年春天。

运行区间：目前规定主要运行于冈山—宇野之间。

特征：名称的意义和设计主题是旅行包。作为"为美好的旅行而做准备的列车"，是周游濑户内海地区的起点

（插图由JR西日本提供）

围。百叶式木格子围着足浴池，两个红花色浴槽及粘石小台阶、黑色的侧壁，一切都让人身临其境。

JR西日本的**"LaMalledeBois (ラ・マル・ド・ボア)"** 在法语中是"旅行皮包"的意思，这个名字意味着这个列车是"具备了所有旅行所需的物品和事情的特别的列车，也可以称作旅行的工具箱"。终点站宇野是由本州进入濑户内海岛屿的大门，也即离宇野港最近的车站。作为"提供旅行准备工作的列车"，宇野站是濑户内海地区旅程的起点。车身设计的主题是旅行包，所以它也满足旅行包属性，会根据列车旅行目的地的变化，改变列车所配备的工具装备，同时也会根据目的地

ラ・マル・ド・ボア　岡山

宇野

"田园交响曲"熊川铁路

开始运行时间：2014年3月8日。

运行区间：人吉温泉—汤前。

特征：联想人吉球磨盆地特有的四季的5辆列车，主题是贝多芬"田园"交响曲。车内大量地使用了当地产丝柏。由水户冈锐治设计

田園シンフオニー

湯前

人吉温泉

（图片由球磨川铁道提供）

(运行路线)的不同而改变列车名称。车内还设置了能放置固定组装好的旅游用自行车的空间。此外，车内也设置了服务柜台，销售地方的特产、商品及饮料等。

行驶在人吉球磨盆地的熊川铁路**"田园交响曲"**，是分别表现人吉球磨盆地各个季节的"春""夏""秋""冬""白秋"5辆车，每次运行时选用其中的3辆组成列车。车身颜色和内部装饰各不相同，但它们的共同的设计主题是贝多芬交响曲"田园"。车身上画了艺术化的do音符号标志，还摘录了"田园曲"乐谱的一段。

车内配置了用人吉球磨产丝柏做成的面向车窗的座位、沙发座椅、桌子等，小的吧台和陈列人吉球磨地区特产的橱窗。车窗很大，由此向外望去，像是在观看移动的绘画一样，在部分景区，为了易于观景，车辆会特意慢速行驶。车内用推车销售人吉球磨地区的特产和各种饮料等。中途停车的部分车站

"丹后之海"京都丹后铁路

开始运行时间：2015年11月13日。

运行区间：福知山—宫津—天桥立—纲野—丰冈、福知山—宫津—西舞鹤。特征：联想"海的京都"，蓝色金属外观、到处使用天然木材、帘子和细木条格窗等，充满"和"因素的内部装潢。由水户冈锐治设计

豊岡

丹後の海

宮津

西舞鶴

福知山

（图片由京都丹后铁道提供）

是"款待服务车站"。在这里等候的"服务队"会提供时令食物供旅客品尝，而且每天提供的品种也会有所不同。

京都丹后铁路的**"丹后之海"**，主要是作为"特急丹后接力"运行的新型车辆。外观是表现了"海之京都"，能让人联想到丹后美丽的大海的蓝色。外观设计上的重点，在于车身的各处画有金色的象征性标志。象征性标志由"丹"字和已经被京都丹后铁路运行的观光列车"赤松"、"蓝松"、"黑松"等使用的"松"字，以及引人联想到丹后大海的"波浪"组成。

车内的天棚和墙壁、地板及座椅等都用各种木材进行了日式装修，创造出令人轻松愉悦的空间。驾驶室后面设置了有大窗户的、开放感十足的自由空间。在这里的沙发上，乘客可以悠闲地欣赏车窗外的风景。入口处挂着门帘，窗户周围装有格子，这里也采用了和风装饰。

明知铁道的**"大正浪漫号"**特快列车，是日本唯一的挂餐车，提供四季当季应时料理的"美食餐厅

惠那
グルメ食堂車
明智

"美食餐厅车" 明知铁路

开始运行时间：2011年3月12日。运行区间：惠那—明智。特征：餐车内除提供当季应时料理以外，还有提供使用当地产琼脂做的料理的"琼脂列车"，该列车运行于4至9月间

（图片由明知铁道提供）

车"。比如，春天运行"奶奶的赏花便当列车"；秋天是"蘑菇列车"；冬季是"薯蓣列车"……车内可以品尝到用当地食材制作的各式料理。一节餐厅车车厢可容纳30人，最多连接3节车厢，根据预订情况，可增加车辆。

明知铁道是连接中央本线惠那站和明智站之间、全长25公里的本地铁路，车窗外是幽静的田园风光，乘客跟随料理和风景，感受四季的变迁。虽说"美食餐厅车"本身是快速列车，但是为了让旅客在车内悠闲地享受料理，因此特意将列车行驶速度调至比普通列车还慢。

(

第 **5** 章

不依赖
车辆设计的款待

何谓可持续款待?

问题是怎样 "发掘当地的潜力"

"七星号 in 九州" 之后相继登场的观光列车
为了不让它成为流行一时的潮流，
必须努力发掘当地优良的潜力。

ろくもん

長野
篠ノ井

上田　小諸　軽井沢

信浓铁道的观光列车"六文"。中途停车站上，还有与身着盔甲的当地志愿者们拍照留念等小型欢迎活动。这种强化与当地人们的合作关系是不可或缺的

（图片由谷本隆提供）

　　目睹了"七星号in九州"的成功例子，JR东日本和JR西日本也开始建造豪华观光列车。地方铁道公司也为了重振事业，积极开发观光列车。现在，观光列车人气骤增。但如果只依靠观光，繁华盛世也将成为泡沫。

　　对于因乘客少而烦恼的地方铁道来说，运营观光列车以招揽外地旅客是一个不错的选择。但是，不能单纯地认为单靠设计特殊的观光列车就可以振兴整个地方旅游。据运输评论家堀内重人说："观光列车获得了之前对铁道不大感兴趣的老年妇女这一新的顾客群体。但是，单靠她们很难弥补为上班族和学生开设的日常铁道的亏损。"

　　确实，每一辆观光列车，定员

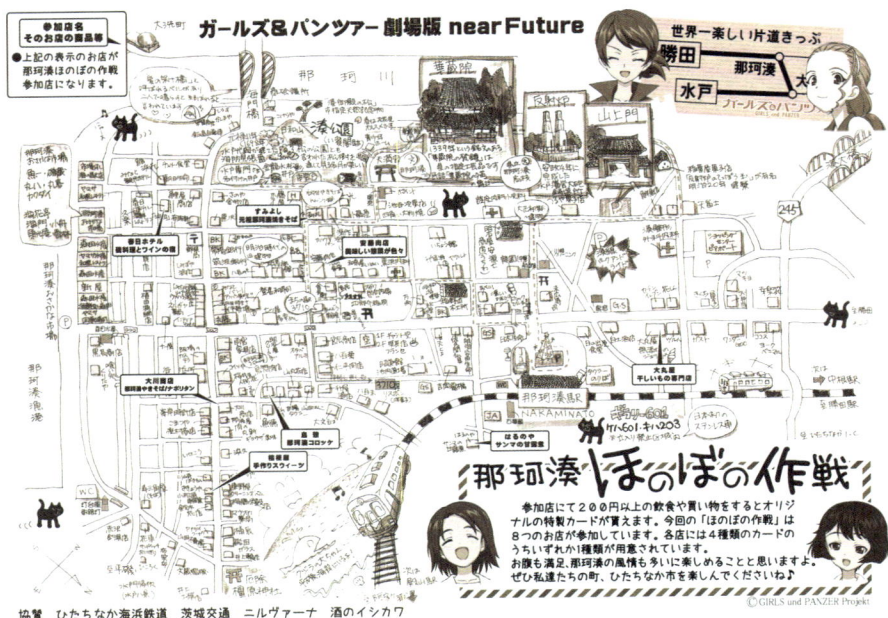

ガールズ＆パンツァー 劇場版 nearFuture

世界一楽しい片道きっぷ
勝田
那珂湊
水戸

那珂湊 ほのぼの作戦

参加店にて２００円以上の飲食や買い物をするとオリジナルの特製カードが貰えます。今回の「ほのぼの作戦」は８つのお店が参加しています。各店には４種類のカードのうちいずれか１種類が用意されています。お腹も満足、那珂湊の風情も多いに楽しめることと思います。ぜひ私達たちの町、ひたちなか市を楽しんでくださいね♪

©GIRLS und PANZER Projekt

協賛　ひたちなか海浜鉄道　茨城交通　ニルヴァーナ　酒のイシカワ

只有数十人。而且，除七星号等以外，其他观光列车不具备即使不是节假日也能吸引乘客的能力，一年下来能够挣钱的日子是有限的。

下面看一下2014年7月长野县信浓铁道的"六文"列车的情况吧。代表日本的避暑地——轻井泽站和长野站之间行驶的列车——"六文"，从开始运营已经工作180天了。大约载客人数达到2.1万人。有饮食服务列车的乘车率刚开始只有50%左右，但随着认知度的提升，目前上座率已经达到80%，基本呈满员状态。2015年4月开始单月营业已转为盈利状态，可以说已经顺利进入发展阶段了。尽管如此，也不能认为"'六文'能单枪匹马完成盈利目的"（经营战略部经营企划科田中哲也科长）。

重要的是，观光列车只是一切的良好开端，而不能认为光靠它就能创造巨大的利润。关键在于以此为契机创建能广泛地引导外地观光客来当地消费的机制。这与"水户

176

茨城县的常陆那珂海滨铁道企划的人气活动——"那珂湊暖心战术"。用动漫"少女与战车"的角色人物，成功地引导观光客到当地街区散步和购物

（图册由Nirvana提供）

冈型"的服务设计理念相同。

在这种前提下，需要考虑的是"当地的开发力度"。"当地需要发掘历史悠久的地方建筑等隐藏资源和志愿者等人力资源，并发挥其作用。"（堀内氏）

这样才能为乘客提供新的乐趣，增加回头客。"东方大地"游乐园能长期牢牢抓住狂热粉丝的原

因就在于不断地认真开发新的附加价值。

连接列车和街区的想法

信浓铁道从第二年开始进一步正式实施与当地联合的政策。"大家都希望信浓铁道能成为沿线观光团体间定期交流的契机，希望能通过'六文'来宣传当地。这种呼声

勝田
阿字ヶ浦
ひたちなか海浜鉄道

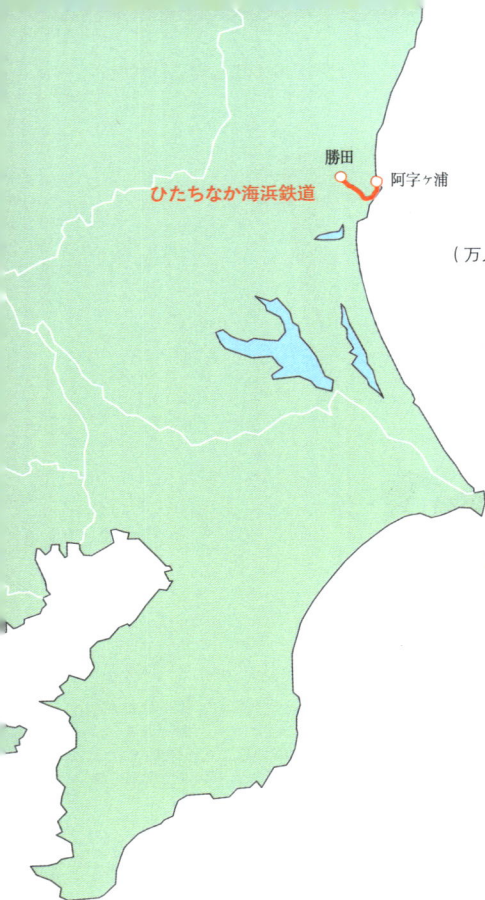

常陆那珂海滨铁道年度运送人数

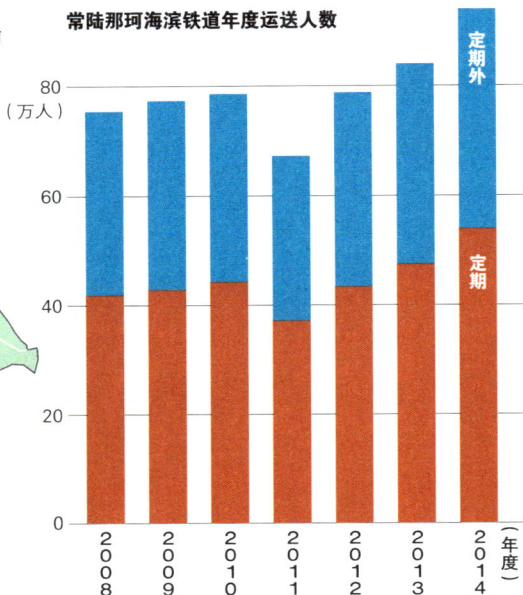

80
（万人）

定期外

60

40

定期

20

0

```
2   2   2   2   2   2   2   （年度）
0   0   0   0   0   0   0
0   0   1   1   1   1   1
8   9   0   1   2   3   4
```

注：“定期”是上班族和学生、“定期”外指的是其他乘客

越来越高涨。”（经营战略部地域联合室三浦靖弘室长）

沿线的上田市于2016年成为NHK大河剧《真田丸》的拍摄场地，这会在一段时期内推动当地观光业的发展。三浦室长认为：“问题是今后的10年间，要出现继续吸引观光客的优良项目，而且只能靠当地人们的热情和创新思维才能

产生。”

茨城县的常陆那珂（Hitachinaka）海滨铁道也是不依赖漂亮且华丽的设计，而能不断提高业绩的地方铁道。吉田千秋社长就任当初，有约3 000万日元的赤字，2014年度缩小到了约480万日元。当地人推出了1～6个月的定期券和折扣率高的"年定期券"，同时实施诱导外地观光客的设想。例如，2014年6月开始销售的"全世界最快乐的单程票"，半年内卖了1 600张。将人气

常陆那珂海滨铁道年度运送人数确实有恢复。其对诱导沿线以外的观光客起了不小的作用

（图片由常陆那珂海滨铁道提供）

动漫"少女与战车（GirlsundPanzer，简称GuP）"的角色人物出身地设定为常陆那珂市，以此来吸引GuP粉丝，让他们乘坐常陆那珂海滨铁道列车。这个想法大获成功。后来铁道方又想出来"那珂凑暖心战术"，这个战术就是将用全世界最快乐的单程票来玩的GuP粉丝们引导到当地的商店购物。列车为乘客准备了商店街的地图，在参加活动的指定店内购物，还能获赠GuP人物卡。这个

计划开始以来，"5个月内参加活动的观光客有750多人，其中也有2次、3次的回头客"（企划公司Nirvana代表佐藤久彰）。

常陆那珂海滨铁道正是借助了动画人物的出身地这一隐藏的观光资源，连接列车和当地，吸引观光客。为了让观光列车这一资源持久发力，必须要有新的想法和努力。

从下一页起，就一些利用新的想法发掘新顾客的地方铁道为大家逐一介绍。

いすみ鉄道

上総中野 ○━━━○ 大原

以"无特色"为卖点的逆向招客术

没有设计豪华的列车，当地也没有特殊的引人注目的观光资源，但是，千叶县的夷隅铁道确确实实地在增加观光客人。这一铁道营业距离只有26.8公里。1988年开始营业以来，一直处于赤字状态，濒临停运，后来是在从100多名社长应聘候选人中脱颖而出的鸟冢亮社长的指挥下才开始了重振工作。

2009年就任的鸟冢社长为了"不花钱搞再生"而绞尽脑汁，最后采取的战略是"要让首都圈人口的0.5%的人每年来两次"，这一战略瞄准的不是手持导游手册的旅客，而是那些寻找导游手册之外的目的地的旅客。

夷隅铁道就反映了这个情况。他们的口号是"这里'什么都没有'"——大胆地将"什么都没有"作为卖点。

彻底的潜在市场战略在起作用

夷隅铁道就这样为了引起潜在顾客层的兴趣而一步一步推行着"什么都没有"的战略。

第1波就是"姆明列车"，针对的人群是女性。如果女人们来了男人也会过来。姆明是有很多女性粉丝的角色人物，乘坐姆明列车给人以居住在大自然之中的感觉。适合于夷隅铁道的环境。这是鸟冢社长的想法。这一改造没花多少成本。

ISUMI RAIL

这里「什么都没有！」

<いすみ鉄道までの交通>
・大原までは、東京からJR外房線で約75分（特急「わかしお」利用）。
・JR内房線五井駅から小湊鉄道利用（約70分）、終点上総中野乗換。
・高速バスは東京・浜松町、または羽田空港・横浜を結ぶ路線で大多喜下車。
・お車でお越しの方のため、大多喜駅と国吉駅に無料駐車場がございます。

いすみ鉄道　検索

(181—185页的图片由夷隅铁道提供)

经过被菜花和樱花所包围的田园风景的"姆明列车"（图片左、中）。也运行令铁道粉丝欢喜雀跃的老式柴油车（右）

车身上粘贴了姆明的画，车内张贴了宣传画，车站和铁道沿线到处装饰着姆明的像。黄色车身的姆明列车行驶在被菜花和樱花包围的线路上，两侧的风景则深深地抓住了粉丝们的心。通过SNS，夷隅铁道已经远近闻名了。

第2波就是针对铁道粉丝的创意。铁道公司廉价购得旧国铁时代的旧柴油车，维修后进行投产，之后重新涂上勾起人们乡愁的国铁颜色。这样的想法，只有身为铁道粉丝、且熟知铁道粉丝喜好的鸟冢社

长才能想出来。尽管普通消费者对于这一改造不怎么关注，但是它对于特定的潜在市场却发挥了其非凡的魅力。

第3波是利用当地食材的餐厅列车。鲜为人知的是，夷隅市大原港的伊势龙虾捕获量全国第一。乘客在"伊势龙虾特快"列车上则能够品尝到当地的厨师使用当地产的伊势龙虾、鲍鱼等烹饪的午餐。尽管价格在1人1万日元以上，但是人气依旧很高，餐厅列车的营业额在2013年度达到约1 200万日元，

182

2014年度倍增到约2 500万日元，2015年度的目标是4 500万日元。这一车辆虽然不像"水户冈列车"那样豪华，但是如果能了解顾客的需求也能获得胜利。鸟冢社长已经证明了这一点。

鸟冢社长一边说"什么也没有"，一边又不断"挖掘"独特旅游资源。他最大的成功是2014年秋天开始运营的"夜行列车"。乘客有组织地在当地酒店集合，享受晚饭后，登上这趟晚上10点到次日早晨6点之间，缓慢往返于夷隅铁道的列车，体验夜行。尽管价格达到12 000日元，但是每次都是满员状态，顾客中不仅有怀念夜行列车的老年人，也有很多20多岁和30多岁的年轻人。经过各种各样的策略的实施，"定期券使用者以外的普通客人每年增长达10%"（鸟冢社长）。2014年，夷隅铁道更是瞄准入境外国客人，与中国台湾铁路管理局签订了"姐妹铁道协定"，相互送出旅客，共同开展活动。日本小型地方铁道公司的挑战在继续。

餐厅列车"伊势海老特快"有
两种菜谱。都与当地的酒店
和饭馆协作开发的。都用当
地产的伊势龙虾、鲍鱼、海
螺等

1 "生鱼片套餐"（两人
26 000日元）是日式料理

2 3 意大利料理套餐（1人
14 500日元）的小菜和主菜

"夜行列车"的企划也很受欢迎。将从晚上10点到早晨6点，在往返于夷隅铁道上的列车中度过

从2014年开始策划瞄准入境观光客，开始与中国台湾的铁道公司合作，相互派送观光客开辟新市场

伊豆地区山海逼近的地方较多。伊豆急行列车几乎都在山上行驶，全长45.7km线路的1/3是隧道。其中只有1.4km才是沿海经过，闲逛旅行列车由此经过3趟

不依赖车辆设计的款待 2 / 伊豆急行

车里车外，同享愉悦的心情——伊豆魅力的浓缩

伊豆急行的"复古电车闲逛旅行"(以下称"闲逛旅行")，是指由伊豆高原站到伊豆急下田站的29.8公里，用7个多小时可往返一次，是体验悠闲的电车旅行(可参加单程旅行)。2014年12月至2015年2月，作为"乘坐伊豆急100型去闲逛的一日游电车之旅"运行了5次，并

广受好评，所以从2015年4月至6月间又运行了7次。计划从10月开始进行第3波。

这次闲逛旅行使用的车辆是1961年制造的"クモハ103"。由1辆复古车改成的列车很适合慢慢行驶在单轨上的悠闲舒适的旅行。包括"クモハ103"在内的100型列

（186—193页的图片是由伊豆急行、＊的图片提供者是铁道报）

车是伊豆急行开业以来的主力车辆，总共制造了53辆。因为老化等原因，这些车辆于2002年停止使用。大部分车辆已经报废被拆解，仅剩下一辆前后有驾驶台的，作为站台交替作业用。伊豆急行开业50周年的2011年，决定将因老化而面临拆解的"クモハ103"，作为纪念活动的一个环节，恢复营运。这也是一辆旧车辆。伊豆急行控股公司集团的观光推进总部营业推进科科长平泽信明说："下了大工夫，总算找到

了配齐一辆列车用的座椅部件。"部分无法再找到的零部件只能重新制造，大约花了2 800万日元，才复原为当时的状态，重新投入运营。"クモハ103"作为50周年纪念活动列车恢复了运营，此后也用作临时列车，还会包租给其他企业机构。但是，如果只是乘坐目的的话，不能发挥对铁道迷以外人群的宣传作用。继续如此运行下去，需求会每况愈下。幸好有温泉等下列车后可享受到的伊豆魅力，则为一般的游客策

187

使用中的 "**クモハ**103"。虽然从制造到现在已经过了50年，但完全没有陈旧感。复原到当时开始运行的状态。设施保留了当时的状态，因为没有安装空调，所以夏天不能运行 *

与运行开始当初唯一不同的是座位中央的桌子。作为观光列车应有摆放食物的空间，喜欢独创的铁道粉丝对此评价一般 *

车内的广告空间和吊环上展示着该列车现役时期的照片，这样做不仅加强了怀旧感，还能向乘客普及伊豆急行的历史 *

划出了"闲逛旅行"。

去的时候，从伊豆高原站出发的列车，首先到达伊豆稻取车站。乘客中途下车，参加历时1小时的观光旅行。再次乘坐后，列车返回伊豆高原方向，到片濑白田站折回，再向伊豆稻取站方向行驶。伊豆被海包围着，山多平地少。海岸有很多悬崖峭壁，沿海路线两站之间仅1.4公里。在这段沿海路线上会通过3次，在此期间提供闲逛旅行专用的"豪华伊势龙虾便当"列车。

欣赏沿着海岸线行驶时车窗外风景的同时，品尝食物，甚是美哉。返程路上在伊豆热川站中途下车，在酒店的温泉里小憩，一次行程就完美了。

将"制约"改变为"魅力"

该列车的运行，有单线特有

的辛苦。去的路上在伊豆稻取站下车，返程时在伊豆热川车站下车，其间乘客会离开列车1小时左右。但是，在这1小时里，车辆不是在那个站一直等待，因为这会让只在单线车站里往返的列车无法经过。乘客在车站下车后，享受旅游和温泉的同时，为了让其他来往列车顺利通过该站，驾驶员只能反复来来去去寻找空站。去的路上之所以会沿着海岸经过3次，也是因为列车运行时间安排的需要。2015年10月以后推出的第3波，就是考虑到单线"制约"的路线。那就是一部分乘客下车进温泉期间，乘客中的铁道粉丝可以一直乘坐往返列车。

为了让其他列车顺利经过，选择平时旅客列车不用的货物专用线，改变行驶方向时，驾驶员会拿着方向盘从车头走向车尾，这放在平时可是看不到的情景。

此外，这一列车还安排摘橘子和酒店的咖啡时间等活动项目，称作"复古电车闲适旅行"。

单程费用约5 000日元。座位定员为68人，但车厢内部只有14个4人座位的包厢。因为不能拼座，所以无论如何都会出现空座位，一次

闲逛旅游时，也可参拜下田的宝福寺。幕府末期，土佐藩主山内容堂在该寺逗留期间，慕臣胜海舟来访，向他请求宽恕坂本龙马的脱离土佐藩之罪，并得到首肯的地方。更何况，开国交涉中成为前线阵地的下田，还有供奉被命运吞噬的悲剧女性"唐人**お吉**"的寺院。传承着幕府末期的历史

行程的参加者在 30 人左右，虽然这样使得列车不能获得巨大收益，但平泽科长说："闲逛旅行的作用在于传播伊豆的魅力。""虽然是铁道旅行，也不能只在车内活动，而要像巴士旅行似的体验各种观光旅游。"

在巴士旅行中，巴士往往会成为连接起点和目的地的手段。铁道

旅行中，移动本身也是一种乐趣，在连续的铁道线上无时无刻都在感受伊豆的魅力。从喜欢电车的孩童，到喜欢甜食的女性、想泡温泉的老年人……在伊豆，各个年龄段的人们都能与家人一起，在这里找到适合自己的旅游方案。而列车闲逛旅行就是其浓缩。

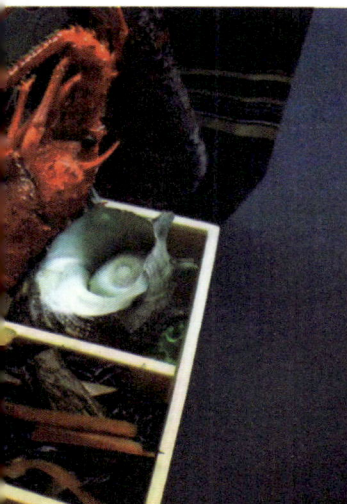

1 在伊豆稻取站组织了摘当地橘子的活动　2 去的路上在沿海岸行驶的区间提供"豪华伊势龙虾盒饭"。使用伊豆当地的龙虾、海螺等食材制作的便当是该列车独有的，在别处买不到　3 在去路的终点，伊豆急行下田站还能参观与坂本龙马有关系的宝福寺　4 返程路上，当地酒店还提供伊豆的推荐甜品　5 旅客列车经过平时不用的货车专用线路，对于铁道粉丝来说，也是件快乐的事情　6 返程在伊豆热川站中途下车。那里可以泡温泉（上述服务内容是属于第 3 波的）

SEIBU RAILWAY

日本初！EDMトレインに乗って ageHaに行こう！

ageHa
NERIMA SHINKIBA
TRAIN

（194—199页的图片由西武铁道提供）

練馬　池袋　ageHa TRAIN
新木場

不依赖车辆设计的款待3 / 西武铁道

传播沿线魅力的
创意策划之涌现

练马站内等候列车的乘客。当日活动全程广播，保安人员也参与向导维持秩序，参加活动者的携带物品也进行了安检

西武铁道和俱乐部活动，"ageHa"组合列车。西武池袋线练马站与东京地铁有乐町线的新木场站之间运行的列车内，DJ和舞者共同表演，车内气氛热烈

西武铁道的运输部"微笑＆微笑室（以下简称微笑室）"是负责接连推出新的活动，积极开拓新旅客的独特的部门。

微笑室的前身是以"为了让旅客更好地享受铁道沿线而积极开展活动"为目的而于2008年新设的"微笑＆微笑部"。为了加强相关部门间的联系，2013年改由运输部管辖后变更为现在的名称。微笑室重视的是持续提供最尖端的活动向乘客发出"进攻"。这一企划活动中也有很多挑战性的内容。

2015年6月运行的"SEIBU RAILWAY PRESENTS ageHa TRAIN"（以下称为"ageHa TRAIN"）是在东京江东区新木场举行的、得到国内最大级别的俱乐部活动"ageHa(凤蝶)"的协助而策划的活动列车。

门票在预售时便早已卖完，2天内顾客人数即达到960人。

"选择俱乐部活动作为合作对象，是为了向顾客宣传西武铁道经济圈也有强大的地方。"(西武铁道总部运输部"微笑＆微笑室"发掘新旅客的负责人、中山宽科长助

理)ageHa平时举办活动的"新木场STUDIO COAST"在东京地铁有乐町线的新木场站步行5分钟距离以内。说起俱乐部一般都会想到涩谷、六本木等地，但是由于1998年西武池袋线和有乐町线相互延伸线路，对于西武铁道沿线居住的人们

在"ageHa TRAIN"的车内设有DJ专用小屋子和音响，还有特殊的灯光设备，与真正的俱乐部别无二致

来说，新木场就突然近了。

虽说如此，平时切身感受的机会并不多。让人们知道西武铁道经济圈也赶时代潮流，从而传播西武铁道沿线魅力，这便是此次活动的目的。因此，活动的举办时间，也安排在新列车开始运行的时候。

ageHa列车开始运行当日，为了防止事故和混乱，特在练马站内部署了很多安全装置，并对乘客进行周到的广播服务，以确保活动万无一失。有趣的是，平时便乘坐西武线的普通乘客的反应。在社交网上有人点评说和平常不同的车站就

1 2 观看 DJ 和舞者的表演而兴高采烈地乘客们。为了不让灯光外泄，对车窗进行了不透明处理 3 乘客在练马站内与舞者击掌欢笑。参加活动的乘客们都佩带专用腕套

像"异空间"，部分爱好者的录像投稿和报道也得到了好评，活动开始1个月后，ageHaTRAIN的话题依旧保持了热度。

为了保持顾客的兴趣，微笑室也在企划新的活动。2015年8月15日至16日，位于西武狭山线"西武球场前"的西武王子球场，由铁道方举办了拥有超巨大滑水道的"Slide the City"和泡沫派对的活动，标语为"seibu railway Presents Slide the City in seibu prince dome"。

通过在给人印象较深刻的棒球场举办流行的尖端派对，吸引各界人群，让他们继续关注西武铁道微笑室，这便是微笑室的"攻"势。

（200—205页的图片由高松琴平电气铁道提供）

不依赖车辆设计的款待**4** / **高松琴平电气铁道**
用创意恢复地方铁道沿线的繁荣景象

高松
琴電志度
琴電琴平
長尾
高松琴平電気鉄道

于 2011 年在佛生山工厂举行的"ことでん"开业 100 周年庆祝活动上进行表演的"100 年杂技团"

2013 年 7 月举办的"爱尔兰酒吧列车"活动中，在车内喝英国吉尼斯黑啤酒。将爱尔兰绿衣作为节日服。图片正中戴帽子的是高松琴平电气铁道的真锅康正董事

　　乘客能在电车内的"爱尔兰酒吧列车"喝啤酒，能买到关于车辆工厂的写真集，还能在车辆工厂里欣赏到马戏团表演……而这些都归功于香川县高松市地方铁道"ことでん"所做的努力。

　　以上企划的提案者是运营高松琴平电车的真锅康正董事。真锅康正董事谈论起这些举措的背景和目的时说："怎样使车站这样的公共空间成为让人愉快的地方，这便是'ことでん'的主题"。

　　首都圈地区的铁道和当地的"ことでん"的最大不同之处就是，

为了纪念开业 100 周年，出版了佛生山工厂写真集。以揭开车辆检修人员的面纱，展示他们安全生产的面貌和技术力量。写真集名《ことでん佛生山工厂》（赤赤舍）

（摄影：谷本隆）

时刻表比较松散。为了将这个缺点变为优点，这个夏天，在车站内开了个让人能站着喝酒的"啤酒吧"，如此一来，旅客便能一手拿着啤酒，悠闲度过等待电车的时间。

以受欢迎为目标的铁道

啤酒吧的目的不是为了做站内买卖来赚钱，而是让乘客享受。"ことでん"是在 2001 年破产过的

铁道公司。真锅董事说："我们欠缺的不是车站间运送旅客这一块业务，而是让旅客享受到列车、车站的服务。不被当地人所喜爱的铁道，就无法吸引更多的顾客。"

这里的车站也像首都圈内的车站一样能够提高销售利润，成为当地人们聚会、交流的地方。同样，也只有地方铁道才能提供独特的旅客服务，例如，2012 年秋开始销售的当地"佛

离JR高松站较近的，"ことでん"的高松筑港站

2013年7月—9月末，在琴平线高松筑港站营业的"啤酒吧站"。打算从10月下旬开始，开张秋冬季节的第二波店铺

为宣传"ことでん温泉乗車入浴券（扇形企划车票）"而制作的"ことでん温泉明信片"

在高松市设立办事处的大冢制药赞助制作的、"ことでん温泉宝矿力饮料"广告画

ことでん琴平线佛生山站附近的"佛生山温泉"的入浴券和乘车票，还有与毛巾成套的"ことでん温泉乘车入浴券（扇形企划车票）"。在检票口出示即可进站，特制扇形车票可作为乘车券使用　　　（写真：谷本　隆）

生山温泉"的入浴券和毛巾，"ことでん温泉乘车入浴券（扇形企划车票）"。

　　铁道方在提供交通运输服务的同时，还提供到达目的地后可用于娱乐的独特门票。惊人的是，这类套票已经售出了 3 000 套以上。

　　制作宣传卡后，铁道方在大冢制药的赞助下又制作了"ことでん温泉宝矿力（PocariSweat，一种品牌饮料）"的广告，得到了意想不到的成果。这类企划在媒体报道中广受好评，由此激发了工作人员的工作热情，而这又直接关系到对顾客的款待质量。

　　设计策划中，追求以乘客愉悦为目的的种种努力，其实也会潜移默化地影响到工作人员，培养他们的服务意识。

宝 锁

（上海交通大学出版社人文图书事业部策划编辑）

　　翻译《日本おもてなし铁道》这本介绍日本观光列车的书时，我的脑海中屡屡浮现出在东京大学留学时期的情景。东京作为国际大都市，那里的交通四通八达，市内地铁（电车）线路纵横交错，乘坐地铁几乎可以到达首都圈内的任何一个地方。新干线和长途客车将东京和全国各地的大中小城市紧密地连接在一起，使得首都和地方的联系畅通无阻。无论你是去东京以外访问、学习，还是旅游观光，都能体会到交通工具的舒适和便利。

　　观光列车属于新兴事物，遗憾的是，我在留学期间还没能搭乘设计豪华、可以品尝各地特色美食、同时尽览各地美景的观光列车。去年有幸在

同事的提议下参与到这本观光列车一书的翻译和出版工作，虽无实际体验，却在翻译的过程中尽情意游了一番，

直至定稿仍意犹未尽。

值此中文翻译付梓之际，首先衷心地感谢社领导对我们工作的理解和大力支持。其次，向为本书的出版工作做出辛勤努力的市场图书事业部的赵斌玮主任致以由衷的谢意。在他的坚持和努力下翻译出版获得多方的支持，如果没有他，很难按时保质保量地完成这项工作。还要感谢认真编辑译稿的责任编辑樊诗颖女士和精心设计封面的美术编辑陈燕静女士。

通过大家的齐心协力、通力合作，我们的翻译出版工作即将得以圆满收尾，也衷心希望读者们能通过这本书走进日本观光列车的缤纷世界。

赵斌玮

（上海交通大学出版社市场图书事业部策划编辑）

　　我曾经在东京留学、工作、生活了六个年头。在这六年里，我每天主要乘坐的交通工具基本上都是轨道交通。日本的新干线、JR 线、磁悬浮列车、都市营运线、风景区电车等等都称之为电车。它们四通八达贯穿整个日本，构成了一个庞大的交通网络。在人口最为密集的东京，轨道交通无疑已成为日本人生活中必不可少的交通工具，而在整个日本来说，轨道交通已经成为日本都市文化的一部分，也是都市里的一道靓丽的风景线。

　　在东京或大阪乘坐地铁最深刻的印象就是十分拥挤，尤其是在早晚上班时间段。因为许多公司都在市中心，市中心的房价又很贵，大部分人只能把房子买在郊外，出门全靠"电车"换乘。你可以天天看到那些上班族快速通过自动验票机，大步流星地直奔乘车的站台，甚至还有埋头小跑的。

　　乘车的时候，车厢里也非常安静，没有一点喧哗声。很少有人说话的。即使有个别相互需要交流的，也都尽量压低声音，避免打扰到别人。许多人或者是拉着手环打瞌睡，颔首闭目；或者是看看报纸，利用这段时间去了解一下时政要闻，而更多的是在阅读小说和漫画的文库本等等。

　　而在日常电车文化之外，在日本，铁道还是一种广受欢迎的旅行方式。很多铁道车站甚至成了旅客慕名而来的胜地，最为著名的便是猫站长所在的贵志站。和歌山电铁公司曾任命一只常驻车站的、名为小玉的花斑家猫作为西部城市纪之川的电力铁路贵志站的站长，为它戴上站长帽、穿上制服，猫站长就此名扬万里。据统计，这也为铁路及地方经济带来了折合人民币超过 8 500 万元的效益。

电车在日常生活之外，成为颇受日本人喜爱的旅行方式，而各大铁道公司也相应推出了各类别出心裁的专号和列车服务，在传播文化的同时带动了地方经济，这种模式让我深受启发。这也是我们策划将这本讲述日本观光列车的书带给国内读者的原因。成书期间也多亏了宝锁老师的悉心翻译使中文版得以优美地呈现，同时也感谢上海交通大学出版社的领导一直以来的全力支持，感谢日本笹川和平财团和日本铁道公司（东急、JR 西日本、JR 九州）的大力支持，感谢旅日作家朋友们在书中分享对于列车文化的所感，感谢在此书翻译中帮助过我的友人：金子哲司、桥本直、丸山英幸、土屋秀太郎、潘山海等。尤其是恩师藤江俊彦先生。最后，希望读者能够在这本书中有所收获，也期盼能早日在"家门口"看到疾驰而过的美丽列车。

在翻译这本书稿以后，为了让读者对于日本的铁道旅行提供更具方向性的实用攻略，我们对具有代表性的日本三大铁道公司JR西日本、JR九州和东急电铁在上海的办事处进行了走访，最后形成了以下的采访成果，在书后附上，算作是为读者准备的文末彩蛋：

JR 西日本

采访西日本旅客铁道株式会社上海代表处代表

译者： JR 西日本的运行路线大概涵盖哪些地区呢？

代表： JR 西日本在以包括了大阪、京都、奈良、神户的关西地区为首，在山阳地区（冈山、广岛、山口）、山阴地区（鸟取、岛根）、北陆地区（富山、石川、福井），运行山阳、北陆新干线、特急列车等。

西日本地区，除了以大阪、京都为中心的关西地区，还包括山阳地区、山阴地区、北陆地区，那里有着悠久的历史、美丽的自然景色、丰富的美食等，充满魅力的观光景点众多。

译者： 除了书中提及的"新娘帘子号"、旅行包列车，JR 西日本还有很多有趣的观光列车吧？

代表： 除了书中提及的这些，还有更多的观光列车在山阳地区、山阴地区、北陆地区各地运行。乘客可以透过车窗欣赏到沿途的美景这点自然不用说，通过感受车内具有日本地方特色的个性化装饰、工作人员提供的温馨服务等，让旅行更充满乐趣，让乘客们在车内更有意义地度过这快乐的时光。

JR 西日本目前运行的观光列车很多，如：以漫画《新世纪福音战

士》为主题的山阳新干线"500TYPE EVA"、在北陆地区的车内装饰着色彩缤纷的传统雕刻的"Belles montagnes et mer"、在山口地区疾驰的"SL 山口"、在京都美丽的溪谷中行进的"嵯峨野小火车"（由集团公司嵯峨野观光铁道运营）……想感受历史与自然，品尝日本当地美食的游客，一定不要错过这丰富多彩的"列车之旅"。

JR 九州

采访日本九州旅客铁道株式会社上海代表处所长恋塚秀和

译者： 说到日本，东京坐拥大都市的繁华、京都有历史和传统文化的沉淀，九州地区有什么独特之处吗？

恋塚： 九州是日本距离中国最近的地方，被誉为"温泉的天国"。其温泉的泉质种类繁多，风格迥异。另外，可以欣赏到壮丽的自然美景也是九州的魅力之一。在这里，你可以看到连绵不绝的海岸线（海之绝景）、壮观的群山峭壁（山之绝景）等等。与此同时，如此丰富的自然资源也孕育了无数优质的食材。

此外，当地的古代神话传说，以及诸多异国文化的建筑流传至今，这也使得整个九州仿佛是主题公园般，各处都有独特的风俗特性，成为当地旅游的乐趣所在。

译者： 那 JR 九州所运营的线路主要涵盖了哪些地区呢？

恋塚： 我社的列车贯穿整个九州铁道网络，无论是新干线、特急列车还是接地气的观光列车，都具有精心设计的外观和独一无二的配置。

基于地域历史、传统特色的车型设计，运用严格筛选的本地食材所制成的车内饮食以及多种多样的车厢演出及服务，这些都使得到达目的地之前的路上时光变得舒适而有趣。赶快乘上这些充满个性的列车开启美好的九州之旅吧！

东急电铁

采访日本东急商务咨询（上海）有限公司副总经理山村幸大

译者： 东急的铁道大概涵盖哪些地区呢？

山村： 东京急行电铁（东急）公司是日本最大的私营铁路公司。旗下东急线主要运行于东京西南部和神奈川县东部的生活用铁路，本书的封面中的伊豆急行即是东急下属的一条铁路。从东海岸的伊东起，途经河津樱的发源地的"河津"等地区，至伊豆下田，共45.7公里的铁路，是日本首屈一指的观光铁道路线。

译者： 大海和樱花之行，听上去很有吸引力呢！

山村： 没错。伊豆急行是我最常推荐的线路，运行于伊豆半岛，从东

京乘坐特急电车约2小时即可到达，这是一个三面围海的半岛，岛的中心矗立着海拔1 500米的天城连山，周边遍布南国氛围的海滩，丰富的水源和绿色的植被常年如春，风光明媚的景观是日本屈指可数的度假胜地。

译者： 确实，近年来，有越来越多的中国游客去日本旅行，东急有哪些服务呢？

山村： 针对中国游客的来访，我们也对自己的服务进行了改善。以据点涩谷和东急线沿线为中心，为了让中国来的客人能够更舒适地出行，我们在语言服务、WiFi、支付方式等方面都有准备针对中国游客的特别服务。我们还有中文导游视频网站（TokyuPlus），希望更多的中国游客到日本来游玩。

伊豆急行・鉄道路線図

(営業キロ程45.7キロ)

凡例:
- 当社線
- JR線
- 有料道路
- 県道
- 国道

至 静岡・名古屋・大阪
至 東京

富士I.C.
裾野I.C.
沼津I.C.

東名高速道路

東海道本線
東海道新幹線

箱根峠
十国峠
熱海峠

富士市
裾野市
三島市

三島
熱海

相模湾

駿河湾

田子の浦

高速船

大瀬崎

戸田村
戸田

西伊豆スカイライン

伊豆箱根鉄道

伊豆長岡町

荒山峠

伊東線

亀石峠

伊東

伊豆スカイライン

中伊豆バイパス

修善寺
虹の郷

天城湯ヶ島

天城連山

天城高原ゴルフクラブ
ベゴニアガーデン
ブランティオ

天城東急ホテル
サンプラーザ

ルネッサ伊豆高原
ルネッサ赤沢

大室山

伊東城ヶ崎
伊豆高原

伊豆急行伊東事務所
伊豆高原やまもプラザ

伊東競輪

城ヶ崎海岸

土肥

西伊豆バイパス

新天城トンネル

天城峠

河津七滝
河津ループ橋

稲取ゴルフクラブ
伊豆オーパーク

ルネッサ稲取高原
稲取高校

伊豆大川
伊豆北川
伊豆熱川
片瀬白田

田子
らんの里

天窓ピアドーム
堂ヶ島マリン

大沢温泉

今井浜
東急リゾート

伊豆稲取
今井浜海岸

大島

利島

松崎

伊豆長谷八美術館

西伊豆エクスプレス

下田北高校
伊豆急自動車
下田ロープウェイ
下田南高校

伊豆下田乗馬クラブ

南伊豆
下賀茂
アロエセンター

波勝崎苑
波勝崎マリン

稲梓
ホテル伊豆急

蓮台寺
伊豆急下田

爪木崎

伊豆急マリン

ジャングルパーク

石廊崎

新島

式根島

神津島
三宅島

御蔵島

乘坐新干线、特快列车，发现西日本的魅力！

YAKUMO
1班（每小时）
◆白天时间段

冈山～米子	2:10
冈山～松江	2:35
冈山～出云市	3:00

① 出云大社
② 青山刚昌故乡馆
③ 鸟取砂丘
④ 城崎温泉街
⑤ 备中松山城
⑥ 天桥立
⑦ 宫岛（严岛神社）
⑧ 大久野岛（兔岛）
⑨ 岩波海道
⑩ 仓敷美观地区
⑪ 儿岛（繁驾驶）
⑫ 冈山后乐园
⑬ 鞆岛
⑭ 和歌山城
⑮ 黑潮市场
⑯ 高野山
⑰ 白良滨
⑱ 冲人鱼头 白滨
⑲ 冒险世界
⑳ 熊野古道
㉑ 金泽城公园
㉒ 兼六园
㉓ 立山黑部阿尔卑斯路线
㉔ 福井县立恐龙博物馆
㉕ 五箇山（合掌造）
㉖ 白川乡白川

SUPER HAKUTO
共7班（每天）

大阪～鸟取	2:25

KONOTORI

大阪～城崎温泉	2:40
大阪～福知山	1:30

KINOSAKI·MAIZURU

京都～城崎温泉	2:20
京都～福知山	1:15
京都～东舞鹤	1:40

北陆新干线
共14班（每天）（连1小时2班）
◆白天时间段

金泽～黑山	0:20
黑山～东京	2:10
金泽～东京	2:30

THUNDERBIRD
2班（每小时）
◆白天时间段

大阪～福井	1:50
大阪～金泽	2:30

山阳新干线
共100班（每天）（连1小时4班）◆白天时间段

新大阪～冈山	0:45
新大阪～广岛	1:20
新大阪～博多	2:30

◆ "NOZOMI"（白天时间段）

快速列车MARINE LINER
2班（每小时）◆白天时间段

冈山～高松	0:55

关空特快列车 "HARUKA"
2班（每小时）
◆白天时间段

关西机场～京都	1:15
关西机场～新大阪	0:50
关西机场～天王寺	0:35

KUROSHIO
1班（每小时）
◆白天时间段

新大阪～和歌山	1:00
新大阪～白滨	2:25
新大阪～纪伊胜浦	3:50

★ 自行车出租 "Ekirin Kun"
主要设置车站
请参阅P3、43页P27、28。

♨：温泉地区

※本站图表数据是根据列车数。※以上表示截止至2016年10月的信息。

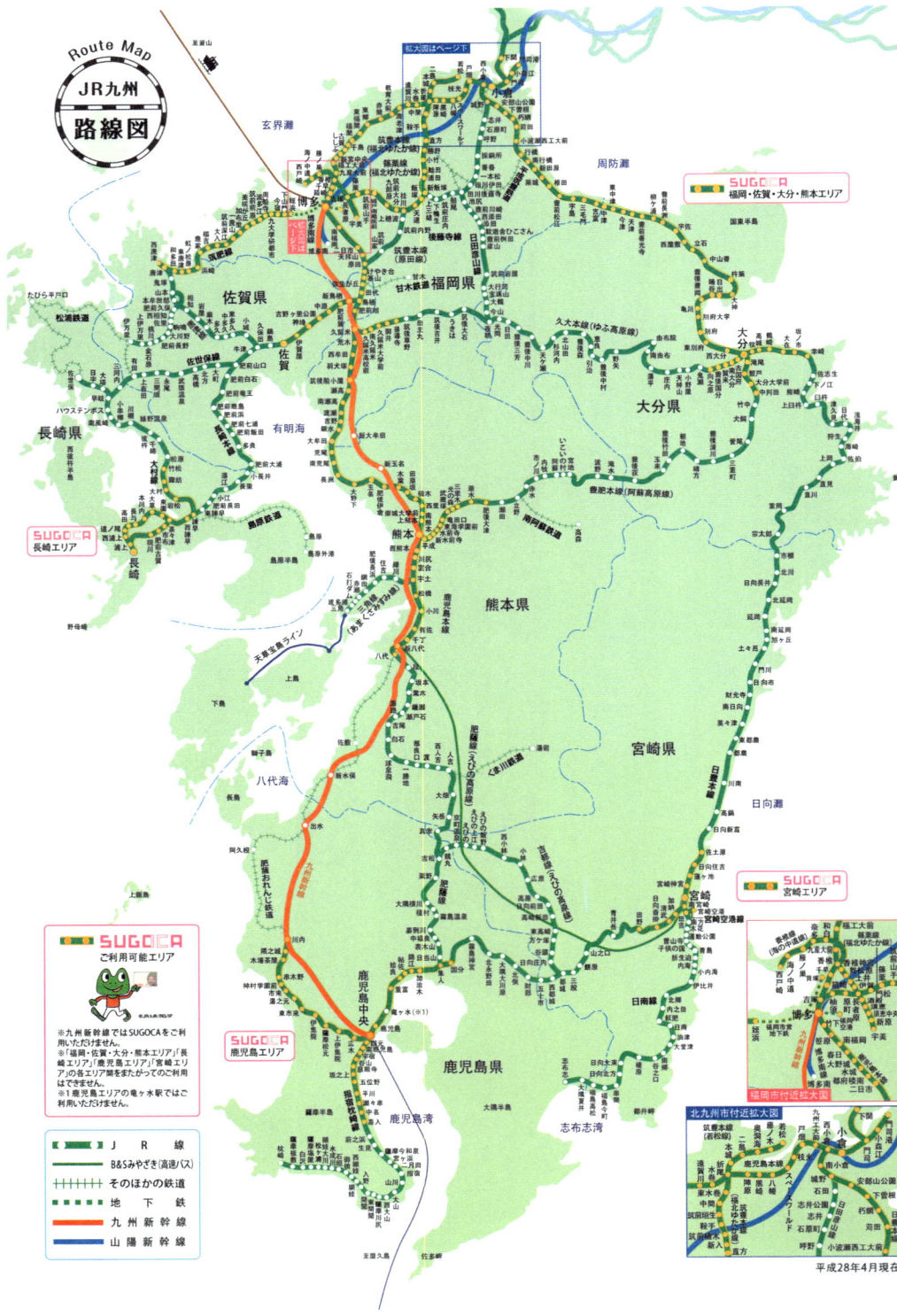